Schöningh

EinFach
Deutsch
Unterrichtsmodell

Die Lyrik Johann Wolfgang von Goethes

Von Jürgen Möller

Herausgegeben von
Johannes Diekhans

Baustein 3: Flucht nach Italien und Neubeginn (1786–1805) (S. 82–105 im Modell)

3.1	Biografische Einführung		
3.2	Die Römischen Elegien	Fünfte Römische Elegie Siebte Römische Elegie	Textarbeit Schreibauftrag Tafelskizzen Arbeitsblätter 18 und 19
3.3	Bruch mit Italien und Zeitkritik	Venezianische Epigramme (Auswahl)	Textarbeit Schreibauftrag Tafelskizzen Arbeitsblatt 20
3.4	Vergänglichkeit	Dauer im Wechsel	Textarbeit Schreibauftrag Tafelskizzen Arbeitsblatt 21
3.5	Form und Gehalt	Natur und Kunst	Textarbeit Schreibauftrag Tafelskizzen Arbeitsblatt 22
3.6	Das Balladenjahr	Der Gott und die Bajadere	Textarbeit Schreibauftrag Tafelskizzen Arbeitsblatt 23

Baustein 4: Das Alterswerk (1806–1832) (S. 106–120 im Modell)

4.1	Biografische Einführung		
4.2	Das Leben als Fluss	Mächtiges Überraschen Mahomets Gesang	Textarbeit Schreibauftrag Tafelskizze Arbeitsblatt 24
4.3	Zweierlei Liebe	Gefunden Heidenröslein	Textarbeit Schreibauftrag Tafelskizzen Arbeitsblatt 25
4.4	Die Wendung nach Osten	Selige Sehnsucht Gingo biloba	Textarbeit Schreibauftrag Tafelskizzen Arbeitsblatt 26
4.5	Alterslyrik	Dornburg, September 1828	Textarbeit Schreibauftrag Tafelskizzen Arbeitsblatt 27

Die Lyrik Johann Wolfgang von Goethes

Baustein 1: Jugend und Sturm und Drang (1749–1775) (S. 15–50 im Modell)

1.1	Biografische Einführung		
1.2	Anakreontik	Die Nacht An Luna	Textarbeit Tafelskizze Arbeitsblatt 1 Arbeitsblatt 2
1.3	Sesenheimer Lieder I: Liebeserlebnis	Es schlug mein Herz Willkomm' und Abschied	Textarbeit Schreibauftrag Tafelskizze Arbeitsblatt 3 Arbeitsblatt 4
1.4	Sesenheimer Lieder II: Naturerfahrung	Maifest Werther (Auszug)	Textarbeit Schreibauftrag Tafelskizze Arbeitsblatt 5 Arbeitsblatt 6
1.5	Die großen Hymnen I: Rebellion und Auflehnung	Prometheus von Ranke-Graves: Prometheus	Textarbeit Schreibauftrag Tafelskizze Arbeitsblatt 7 Arbeitsblatt 8
1.6	Die großen Hymnen II: Entselbstung	Ganymed	Textarbeit Schreibauftrag Tafelskizze Arbeitsblatt 9
1.7	Übergang zur Klassik	Auf dem See	Textarbeit Schreibauftrag Tafelskizze Arbeitsblatt 10

Baustein 2: Das erste Weimarer Jahrzehnt (1776–1785) (S. 51–81 im Modell)

2.1	Biografische Einführung		
2.2	Das Streben nach Harmonie	Wandrers Nachtlied Ein Gleiches Bertolt Brecht: Liturgie vom Hauch	Textarbeit Schreibauftrag Tafelskizzen Arbeitsblatt 11 Arbeitsblatt 12
2.3	Überformung der Lebenskrise	An den Mond	Textarbeit Schreibarbeit Tafelskizzen Arbeitsblatt 13
2.4	Das Verhältnis zum Göttlichen	Grenzen der Menschheit Das Göttliche	Textarbeit Schreibarbeit Tafelskizzen Arbeitsblatt 14
2.5	Italiensehnsucht	Mignon	Textarbeit Schreibarbeit Tafelskizzen Projekt Arbeitsblatt 15
2.6	Das Verhältnis zum Irrationalen	Erlkönig	Textarbeit Schreibarbeit Tafelskizzen Arbeitsblatt 16 Arbeitsblatt 17

Bildnachweis:

S. 9, 40, 72, 73, 77, 97, 98, 101, 119, 130, 131, 132: akg-images – **S. 38:** Privatbesitz, Bloomington, Indiana – **S. 46:** li.: akg-images; re.: © picture-alliance/akg-images/Erich Lessing – **S. 41:** Verlagsarchiv Schöningh – **S. 42, 43, 49, 99, 120:** Goethe-Museum, Düsseldorf – **S. 45:** Johann Heinrich Füssli, Prometheus (Inv. 1917.186) Öffentliche Kunstsammlung Basel, Kupferstichkabinett/Foto: Martin Bühler – **S. 46:** © picture-alliance/dpa – **S. 48:** © picture-alliance/akg-images/Erich Lessing – **S. 69:** picture-alliance/akg-images – **S. 71:** ullstein – Keystone Pressedienst – **S. 78:** Bildarchiv Preußischer Kulturbesitz – **S. 104:** Quelle: Goethezeitportal; http://www.goethezeitportal.de/index.php?id=3671 – **S. 125:** Ursula Edelmann/ARTOTHEK – **S. 128:** Jürgens Ost und Europa Photo

Westermann Schroedel Diesterweg Schöningh Winklers GmbH
Braunschweig, Paderborn, Darmstadt

www.schoeningh-schulbuch.de
Schöningh Verlag, Jühenplatz 1–3, 33098 Paderborn

Druck 5 4 3 2 / Jahr 2015 14 13 12
Die letzte Zahl bezeichnet das Jahr dieses Drucks.

Umschlaggestaltung: Jennifer Kirchhof
Druck und Bindung: westermann druck GmbH, Braunschweig

ISBN 978-3-14-022467-3

Vorwort

Der vorliegende Band ist Teil einer Reihe, die Lehrerinnen und Lehrern erprobte und an den Bedürfnissen der Schulpraxis orientierte Unterrichtsmodelle zu ausgewählten Ganzschriften und weiteren relevanten Themen des Faches Deutsch bietet.
Im Mittelpunkt der Modelle stehen Bausteine, die jeweils thematische Schwerpunkte mit entsprechenden Untergliederungen beinhalten.
In übersichtlich gestalteter Form erhält der Benutzer/die Benutzerin zunächst einen Überblick zu den im Modell ausführlich behandelten Bausteinen.

Es folgen:

- Hinweise zu den Handlungsträgern
- Zusammenfassung des Inhalts und der Handlungsstruktur
- Vorüberlegungen zur Auswahl und zum Einsatz der Materialien im Unterricht
- Hinweise zur Konzeption des Modells
- ausführliche Darstellung der einzelnen Bausteine
- Zusatzmaterialien

Ein besonderes Merkmal der Unterrichtsmodelle ist die Praxisorientierung. Enthalten sind kopierfähige Arbeitsblätter, Vorschläge für Klassen- und Kursarbeiten, Tafelbilder, konkrete Arbeitsaufträge, Projektvorschläge. Handlungsorientierte Methoden sind in gleicher Weise berücksichtigt wie eher traditionelle Verfahren der Texterschließung und -bearbeitung.
Das Bausteinprinzip ermöglicht es dabei den Benutzern, Unterrichtsreihen in unterschiedlicher Weise und mit unterschiedlichen thematischen Akzentuierungen zu konzipieren. Auf diese Weise erleichtern die Modelle die Unterrichtsvorbereitung und tragen zu einer Entlastung der Benutzer bei.

Arbeitsfrage
Einzelarbeit
Partnerarbeit
Gruppenarbeit
Unterrichtsgespräch
Schreibauftrag
szenisches Spiel, Rollenspiel
Mal- und Zeichenauftrag
Bastelauftrag
Projekt, offene Aufgabe

Inhaltsverzeichnis

Die Goethe-Gedichte auf den Arbeitsblättern befinden sich auf der Hör-CD EinFach ZuHören „Die Lyrik Johann Wolfgang von Goethes". Best.-Nr. 062641-5

Die Lyrik Johann Wolfgang von Goethes

Es schlug Herz; geschwind zu Pferde!
Und fort, wild, wie ein Held zur Schlacht!
(1771)

Edel sei der Mensch,
Hilfreich und gut!
Denn das allein
Unterscheidet ihn
Von allen Wesen,
Die wir kennen.
(1783)

Dankst du dann, am Blick dich weidend,
Reiner Brust der Großen, Holden,
Wird die Sonne, rötlich scheidend,
Rings den Horizont vergolden.
(1828)

Goethe mit 22, 42 und 77 Jahren

Vorüberlegungen zur Auswahl und zum Einsatz der Materialien im Unterricht

„Im Laufe seines langen Lebens hat Goethe mehr als dreitausend Gedichte geschrieben, umfangreiche mit mehreren Hundert Versen und kurze Zweizeiler, scheinbar leicht verständliche und solche von höchster sprachlicher und metaphorischer Komplexität, Liebeslyrik und naturwissenschaftliche Lehrdichtungen, Gedichte in liedhaften Strophenformen, in strengen, antiken Metren oder auch reimlose Lyrik mit unregelmäßigen Rhythmen. Mit diesem sowohl in seinem Umfang wie seiner Bedeutung nach außergewöhnlichen lyrischen Œuvre hat er das deutschsprachige Gedicht der Neuzeit erst eigentlich geschaffen und zugleich in einer Weise vollendet, dass sich an ihm alle deutschsprachigen Lyriker bis weit ins 20. Jahrhundert hinein gemessen haben."[1]

Diese in der Literaturwissenschaft allgemein unbestrittene Einschätzung Goethes als bedeutendsten deutschen Lyriker mag allein bereits als Rechtfertigung für das vorliegende Unterfangen dienen, nicht, wie sonst in der Reihe EinFach Deutsch üblich, die Lyrik einer ganzen Epoche, sondern nur das lyrische Werk eines einzelnen Autors in den Blick zu nehmen, dessen literarisches Schaffen aber von rokokohaften, den Konventionen der Anakreontik verhafteten Jugendwerken über die begrifflich etwas unscharf titulierte „Erlebnislyrik" der Sturm-und-Drang-Periode und ihrer anschließenden Zähmung in den Gedichten der Klassik bis hin zu Ausblicken in die Romantik gleich eine Vielzahl literarischer Strömungen umfasst, von denen insbesondere die Epochen des Sturm und Drang sowie der Klassik ohne Goethe kaum als solche denkbar wären. Zugleich eröffnet diese Einschätzung aber auch den Blick auf eine ganze Reihe von Schwierigkeiten, vor die sich jeder Autor gestellt sieht, der *die* Lyrik Johann Wolfgang Goethes in einem einzelnen Werk von begrenztem Umfang vorstellen möchte.
Zum einen ist die Frage der Auswahl zu nennen: Goethes lyrisches Schaffen war von einem derartig gewaltigen Ausmaß und zugleich von so hoher Qualität, dass jede Auswahl vor der Gefahr steht, zentrale Gesichtspunkte außer Betracht zu lassen. Der Autor war sich von vornherein darüber im Klaren, dass jede Auswahl, und sei sie auch noch so gut durchdacht, auf zentrale und oft auch sehr bekannte Texte würde verzichten müssen. Daher wurden vor allem die Praktikabilität sowie die vermutete gängige Unterrichtspraxis zur Leitlinie bei der Textauswahl gemacht. Dieser Praxisorientierung fielen unter dem Gesichtspunkt der Textlänge zum Beispiel die umfangreichen Versepen wie „Hermann und Dorothea" oder „Reineke Fuchs", aber auch berühmte Gedichte wie die „Marienbader Elegie" zum Opfer.
Ein Schwerpunkt wurde zudem auf die Behandlung der Lyrik des jungen Goethe gelegt, die sich sowohl unter den Lesern als auch im Unterricht besonderer Wertschätzung erfreut[2], ohne das Unterrichtsmodell allein auf diese Periode zu verengen, wobei natürlich die großen späteren Gedichtzyklen („Römische Elegien", „Sonette", „West-östlicher Divan") mit Ausnahme der „Römischen Elegien", die wegen ihrer herausragenden Bedeutung für die Klassik mit zwei Texten etwas breiter Berücksichtigung fanden, nur exemplarisch aufgenommen werden konnten. Auch thematisch wurde auf eine breite Streuung Wert gelegt, sodass

---

1 Bernd Witte: Vorbemerkung. In: Ders. (Hrsg.): Interpretationen. Gedichte von Johann Wolfgang Goethe. Stuttgart 1998, S. 7–10, hier: S. 7

2 Vgl. dazu etwa Adolf Muschg: Anlässlich einer Umfrage nach Goethes Gedichten. In: Ders.: Goethe als Emigrant. Auf der Suche nach dem Grünen bei einem alten Dichter. Frankfurt a.M. 1986. S. 25–32. Bestätigt wird diese Einschätzung durch einen Blick in gängige Oberstufenlehrwerke, die von Goethe überwiegend Jugendwerke, vereinzelt auch Gedichte aus der „klassischen" Periode, aber nur selten Teile des Alterswerks aufnehmen.

das thematische Spektrum von zum Teil auch erotischen Liebesgedichten über satirische Epigramme bis hin zur Ideenlyrik reicht, wenngleich auch hier die Liebesgedichte vor allem wegen ihres hohen Bekanntheitsgrades und ihrer Unmittelbarkeit in besonderem Maße Berücksichtigung fanden.

Das eingangs angeführte Zitat weist aber noch auf eine weitere Schwierigkeit hin, der sich der Autor dieses Unterrichtsmodells zu stellen hatte, nämlich der Frage der Anordnung, bei der eine chronologische mit einer thematischen Bündelung konkurrierte. Wenn letztlich eine Entscheidung zugunsten der Chronologie getroffen wurde, so soll damit nicht jenem ‚Biografismus' das Wort geredet werden, der in Goethes Gedichten lediglich die Widerspiegelung der inneren Seelenzustände des Dichters angesichts konkreter Erlebnisse sehen will. Zwar ist der Einfluss von eigenen Erlebnissen auf die literarische Produktion Goethes unbestritten, doch ist mittlerweile vollkommen klar, dass die etwa von Dilthey behauptete „wunderbare Einheit und Harmonie" in Goethes Dasein, durch die dieser die im Leben gefundene innere Gesetzmäßigkeit des eigenen Lebens künstlerisch umgesetzt habe, eine bloße Schimäre ist, der freilich Goethe selbst durch seine Selbststilisierung in Werken wie „Dichtung und Wahrheit" selbst Vorschub geleistet hat. Als Beispiel für eine solche Stilisierung sei hier nur das berühmte, aus dem erst in den 20er-Jahren des 19. Jahrhunderts entstandenen „Bericht über die Kampagne in Frankreich" stammende Dictum Goethes über die sogenannte Kanonade von Valmy genannt, mit dem dieser sich als prophetischer Zeitendeuter erwiesen haben will, als er abends vor Offizieren gesagt habe: „Von hier und heute geht eine neue Epoche der Weltgeschichte aus, und ihr könnt sagen, ihr seid dabei gewesen."

Die Anekdote leidet nicht wenig unter dem Schönheitsfehler, dass keiner der Anwesenden sich an einen solchen Ausspruch erinnern konnte, der zudem am Abend eines militärisch unbedeutenden Scharmützels vollkommen absurd gewesen wäre. Auch in den wenigen erhaltenen Briefen Goethes aus dieser Zeit ist nichts von einer solchen Einschätzung zu spüren, sodass man wohl von einer späteren Stilisierung Goethes ausgehen muss, die aber derartig wirkungsmächtig wurde, dass sie bis heute in Geschichtsbüchern zu finden ist. Ebenso bekannt ist, dass die scheinbare Harmonie der klassischen Gedichte nur zum Teil der Ausfluss einer wiedergewonnenen Stabilität nach schwerer Krise war, sondern stets eher einen als ideal gedachten seelischen Wunschzustand zum Ausdruck brachte. Doch gewinnt gerade durch derartige Erkenntnis der ständige Bezug auf die Biografie wiederum seinen Reiz, indem Goethe eben nicht mehr als der monolithische Verkünder ewiger Wahrheiten erscheint, sondern als Suchender und damit als moderner, als von vielen Schülern vermutet.

Nicht zuletzt deshalb werden die Texte, die von der Textgestalt her der Hamburger Ausgabe folgen, hier in einer überwiegend chronologischen Reihenfolge vorgestellt, ohne dass einer thematischen Vorgehensweise der Boden entzogen wäre. Ein Vorschlag für einen möglichen Unterrichtsgang findet sich auf den folgenden Seiten.

Vorschläge für Klausuren sind im Zusatzmaterial enthalten (**Zusatzmaterial 10–13**, S. 133–137). Als Hilfestellung für die Analyse von Gedichten finden sich ferner ein bewährtes Analyseschema (**Zusatzmaterial 1**, S. 121) sowie eine Aufstellung der wichtigsten rhetorischen Figuren (**Zusatzmaterial 2**, S. 122 ff.). Da die neueren Abiturvorgaben zumindest für den Leistungskurs auch auf die Methode des Gedichtvergleichs Wert legen, finden sich auch hierzu Vorschläge, und zwar sowohl synchron als auch diachron. Mögliche Aufgabenstellungen sind:

- *Analysieren Sie das Gedicht nach dem Ihnen bekannten Analyseschema und ordnen Sie es biografisch und literaturgeschichtlich ein.*
- *Analysieren Sie das Gedicht, indem Sie es inhaltlich zusammenfassen und einer metrischen Analyse unterziehen, abschnittsweise inhaltlich interpretieren und im Schlussteil begründet in die Epoche einordnen.*

- *Analysieren Sie vergleichend die beiden Gedichte, indem Sie zunächst das erste Gedicht inhaltlich zusammenfassen, einer metrischen Analyse unterziehen sowie interpretieren, sodann das zweite Gedicht formal und inhaltlich mit dem ersten vergleichen und beide Gedichte begründet in die jeweilige Epoche einordnen.*

Grundlagenliteratur

Textausgaben:
Conrady, Karl Otto (Hrsg.): Das Buch der Gedichte. Deutsche Lyrik von den Anfängen bis zur Gegenwart (neu herausgegeben von Hermann Korte). Berlin 2006.
Goethe, Johann Wolfgang: Werke. Band 1 und 2: Gedichte und Epen I und II. 16. Aufl. München 1996 (Hamburger Ausgabe).
Ders.: Fünfzig Gedichte. Ausgewählt von Dietrich Bode. Stuttgart 1999.
Paefgen, Elisabeth K. und Geist, Peter (Hrsg.): Echtermeyer. Deutsche Gedichte. Von den Anfängen bis zur Gegenwart. Auswahl für Schulen. 19. Aufl. Berlin 2005.

Sekundärliteratur:
Bernhardt, Rüdiger: Johann Wolfgang Goethe. Das lyrische Schaffen. 2. Aufl. Hollfeld 2009.
Böhm, Elisabeth: Johann Wolfgang Goethe. 10 Gedichte. Stuttgart 2007.
Boerner, Peter: Goethe. Reinbeck 1964.
Boyle, Nicholas: Goethe. Der Dichter in seiner Zeit. Bislang 2 Bde.: Bd. 1: 1749–1790. 2. Aufl. München 1999. Band 2: 1791–1803. München 1999.
Conrady, Karl Otto: Goethe. Leben und Werk. Frankfurt 1987.
Edelmann, Thomas und Hofmann, Michael: Lyrik vom Barock bis zur Goethezeit. München 2002.
Große, Wilhelm: Gedichte der Weimarer Klassik. München 1992.
Jeßing, Benedikt: Johann Wolfgang Goethe. Stuttgart 1995.
Reich-Ranicki, Marcel (Hrsg.): Goethe. Verweile doch. 111 Gedichte mit Interpretation. Frankfurt 1992.
Schulz, Karlheinz: Goethe. Eine Biographie in 17 Kapiteln. Stuttgart 1999.
Selbmann, Rolf: Deutsche Klassik. Paderborn 2005.
Segebrecht, Wulf (Hrsg.): Gedichte und Interpretationen. Band 3: Klassik und Romantik. Stuttgart 1984.
Witte, Bernd (Hrsg.): Interpretationen. Gedichte von Johann Wolfgang Goethe. Stuttgart 1998.

Konzeption des Unterrichtsmodells

Das vorliegende Unterrichtsmodell versucht, mithilfe verschiedener Methoden der Textanalyse Schülern grundlegende Kenntnisse zu Leben und lyrischem Werk Johann Wolfgang Goethes zu geben. Es bietet sich an, der Reihenfolge der Bausteine entsprechend chronologisch vorzugehen, wobei nicht bei jedem Baustein alle Texte im Unterricht behandelt werden müssen. Jedem Baustein ist ein knapper biografischer Abriss vorangestellt, der der grundlegenden Information des Lehrers dienen soll. Falls nicht ohnehin mit Referaten gearbeitet werden soll, kann den Schülern einleitend auch ein Arbeitsblatt mit den wesentlichen biografischen Informationen zur Orientierung an die Hand gegeben werden (**Zusatzmaterial 3**, S. 125f.). Anschließend folgt zu jedem Gedicht zunächst eine Kurzinterpretation, bevor im Anschluss Vorschläge für eine konkrete Umsetzung im Unterricht gemacht werden.
Einen möglichen Unterrichtsgang mit dem Schwerpunkt auf einer sozialgeschichtlich-biografischen Deutung bietet Vorschlag 1, während Vorschlag 2 am Beispiel der Ideenlyrik einen thematischen Längsschnitt versucht.

Vorschlag 1
- Einführung/Referat: Die Jugend J.W. Goethes (1749–1775)
- Maifest
- Willkomm' und Abschied
- Auf dem See
- Einführung Referat: Erste Weimarer Jahre und „Flucht" nach Italien
- Fünfte Römische Elegie
- Einführung/Referat: Die Zusammenarbeit mit Schiller
- Der Gott und die Bajadere
- Mächtiges Überraschen
- Gefunden
- Gingo biloba

Vorschlag 2
- Prometheus
- Ganymed
- Literaturgeschichtlicher Überblick: Der Sturm und Drang
- Das Göttliche/Grenzen der Menschheit
- Fünfte Römische Elegie
- Literaturgeschichtlicher Überblick: Die Klassik
- Natur und Kunst
- Selige Sehnsucht
- Dornburg, September 1828

Baustein 1 setzt sich mit der Lyrik der ersten Lebensjahre auseinander, wobei neben einer kurzen Einführung in die anakreontischen Anfänge des lyrischen Schaffens Goethes, die auch und insbesondere die Tragweite des anschließenden Neubeginns verdeutlichen sollen, vor allem die Sesenheimer Gedichte sowie die großen Hymnen im Vordergrund stehen.

Baustein 2 wendet sich anschließend dem ersten Weimarer Jahrzehnt zu, wobei neben offenkundig biografisch geprägten Gedichten auch bereits der allmähliche Übergang zur Klassik thematisiert wird. Zudem soll am Beispiel des in dieser Zeit entstandenen *Erlkönig* ein Einblick in die Arbeitsweise der Literaturwissenschaft und die Bedingtheit von Interpretationen allgemein gegeben werden.

Baustein 3 wendet sich dann der Hochklassik zu und setzt neben einem deutlichen Schwerpunkt auf die Römischen Elegien die Akzente auch auf die Lehrdichtung sowie die Epigrammatik, die in diesem Falle („Venezianische Epigramme") einen reizvollen Kontrast zu den Aussagen der „Römischen Elegien" bildet und so die Katalysatorfunktion der Italienreise verdeutlicht. Als Beispiel für die Versuche der Popularisierung der Klassik wurde die in der Unterstufe nur selten behandelte Ballade „Der Gott und die Bajadere" aufgenommen.

Baustein 4 beschäftigt sich schließlich mit dem Alterswerk Goethes. Aufgenommen wurde ein Beispiel aus dem Sonettzyklus („Mächtiges Überraschen"), das bekannte Gelegenheitsgedicht „Gefunden", zwei Beispiele aus dem „West-östlichen Divan" sowie „Dornburg, September 1828".

Die thematischen Bausteine des Unterrichtsmodells

Baustein 1

Jugend und Sturm und Drang (1749–1775)

1.1 Biografische Einführung

Johann Wolfgang Goethe wurde am 28. August 1749 als Sohn eines Frankfurter Patriziers im elterlichen Haus am Hirschgraben geboren. Der Vater, Johann Casper Goethe, hatte sich als Erbe eines beträchtlichen Vermögens im Jahre 1724 durch Kauf den Titel eines Kaiserlichen Rates erworben, der mit keinerlei Verpflichtungen verbunden war, sodass er sich ganz auf seine privaten Studien und Liebhabereien konzentrieren konnte. Seine Interessen waren vielfältig, sodass das elterliche Haus nach einem großen Umbau 1755 viel Platz für die zahlreichen Bücher, Gemälde und sonstigen Kunstgegenstände bot.
Im selben Jahr begann auch J.W. Goethes Ausbildung durch einen Hauslehrer. Erhalten haben sich aus dieser Zeit einige Schülerarbeiten unter dem Titel „Labores Iuveniles", die von einer bemerkenswerten Auffassungsgabe und sprachlichen Begabung zeugen. Ob das große Erdbeben von Lissabon (1755) sowie die Wirren des Siebenjährigen Krieges (1756–1763), die zu politischen Streitereien im Hause Goethe führten, da sich der Onkel und der Großvater auf die Seite Österreichs, der Vater sowie der Rest der Familie aber aufseiten Preußens stellten, wirklich bei Johann W. zu den später von ihm selbst behaupteten religiösen und politischen Erschütterungen führten, kann heute kaum mehr beantwortet werden. Zumindest dürfte die durch den Krieg erzwungene zeitweilige Einquartierung französischer Soldaten im Elternhaus nicht ganz ohne Eindruck auf ihn geblieben sein. Sicher ist, dass in diese Zeit auch die ersten dichterischen Versuche, die insbesondere aus Gelegenheitsgedichten zu verschiedenen Anlässen bestehen, sowie eine erste Jugendliebe fallen, die von Goethe später mit dem Namen Gretchen versehen wird.
Mit 16 Jahren galt Goethe nach damaligen Maßstäben als für das akademische Studium vorbereitet. Gern hätte er sich für ein Studium der Altertumswissenschaften in Göttingen entschieden, doch der Vater bestand darauf, dass sein Sohn, wie er selbst auch, Rechtswissenschaften in Leipzig studieren sollte. Das Studium, das Goethe von Beginn an mit mäßigem Eifer betrieb, ließ ihm Gelegenheit zu ausgiebigen Ausflügen in andere Fachbereiche, sodass er etwa Vorlesungen bei dem als Fabeldichter bekannten Gellert hörte und sich auch dichterisch ausgiebig betätigen konnte. Die Lyrik dieser Zeit besteht überwiegend aus dem Geschmack des Rokoko entsprechenden galant-schäferlichen anakreontischen Gedichten, die von Goethe später abgelehnt wurden, sich durch eine von Goethe selbst besorgte kalligrafische Abschrift und Sammlung im Buch „Annette" aber erhalten haben. Privat ist die Leipziger Zeit geprägt durch eine eher unglückliche, von zahlreichen Eifersüchteleien geprägten Liebe zu der drei Jahre älteren Anna Katharina Schönkopf. Auffallend ist ferner der

sich in dieser Zeit auftuende Zwiespalt zwischen Selbst- und Fremdwahrnehmung: Goethe selbst stilisiert sich in seinen Briefen zu einem galanten Mann von Welt, während Außenstehende ihn vor allem als geckenhaft, bisweilen aber auch unsicher auftretenden jungen Mann beschreiben. Der sich hier andeutende Konflikt zwischen Wollen und Können führte dann auch möglicherweise zu der schweren Krankheit, die nach drei Jahren zum vorläufigen Abbruch des Studiums und zur Rückkehr nach Frankfurt führte. Goethe erholte sich von dem physischen Zusammenbruch erst nach fast 18 Monaten, kehrte aber auch dann nicht nach Leipzig zurück, sondern zog es vor, das begonnene Studium in Straßburg fortzusetzen.

Der Aufenthalt in Straßburg entpuppte sich für Goethe als Neuanfang in jeder Hinsicht, wozu vor allem die Bekanntschaft mit Johann Gottfried Herder beitrug. Unter seinem Einfluss löste sich Goethe vom gekünstelt wirkenden Rokoko und wandte sich einer Dichtung zu, die als ursprünglich und originell angesehen wurde, namentlich den Werken Shakespeares, Homers, Pindars und Ossians. Gerade Letztere, die damals noch nicht als Fälschungen aus der Feder von James Macpherson (1736–1796) erkannt worden waren, sondern als genialisches neu entdecktes Werk aus mythischer Vorzeit galten, machten nachhaltigen und tiefen Eindruck auf Goethe, der sich später noch umfangreich im Roman *Werther* niederschlug. Ähnlich stark wirkten auf ihn Herders und Hamanns Vorstellungen vom Ursprung der Sprache und der Poesie, die ihn dazu veranlassten, durchs Land zu streifen und Volkslieder zu sammeln bzw. selbst Lieder im volksliedhaften Stil zu verfassen, wie etwa das bekannte „Heideröslein" oder „Der König in Thule".

Das Studium der Juristerei war Goethe nach wie vor eher lästig, wurde von ihm in Straßburg jedoch mit größerem Eifer betrieben als in seiner Leipziger Zeit, sodass er 1771 überraschenderweise seine kirchenrechtliche Dissertation vorlegen konnte, die jedoch nicht zugelassen wurde. Der Text ist leider verloren, doch ergibt sich aus anderen Quellen, dass Goethe in dieser die Ansicht vertrat, dass die christliche Lehre nicht von Jesus stamme, sondern nur unter seinem Namen verkündet worden und somit lediglich „gesunde Politik" sei. Der Fakultät erschien das hier angefasste Eisen als zu heiß und man verbot deswegen die Drucklegung. Das Studium war damit aber nicht gescheitert, denn Goethe stand nach wie vor der Weg des Lizenziats offen, der in einer Abfassung und öffentlichen Verteidigung selbst gewählter Thesen bestand und zumindest in Deutschland der Promotion als gleichwertig angesehen wurde. Diese Prüfung bestand Goethe am 6. August 1771 cum applausu.

Literaturgeschichtlich wirkungsmächtiger erwies sich aber eine private Angelegenheit in Form der Liebe zu der Sesenheimer Pfarrerstochter Friederike Brion. Beginn und Verlauf dieser Beziehung lassen sich kaum mehr eruieren, so groß ist der Anteil nachträglicher Stilisierung. Fest steht jedoch, dass die Neigung zu Friederike sowie der gleichzeitige Einfluss Herders bei Goethe einen Strom lyrischer Produktion von bis dahin unbekannter Empfindsamkeit und Qualität auslöste, die sogenannten „Sesenheimer Lieder", die zwar mit dem herkömmlichen Dictum der Erlebnislyrik nur sehr ungenau beschrieben werden können, da reale Erlebnisse in den Gedichten, die auch formal die Grenzen des damals Konventionellen nur wenig überschritten, kaum nachweisbar sind, die aber auch aufgrund der von ihnen ausgehenden großen Wirkung ihren Rang in der Literaturgeschichtsschreibung vollkommen zu Recht tragen.

Die wenigen aus dieser Zeit erhaltenen privaten Briefe Goethes zeichnen ein sehr viel skeptischeres Bild der Beziehung, als es der Überschwang der Gedichte vermuten lassen würde, und so kann es auch nicht überraschen, dass Goethe Friederike nur zwei Tage nach Ablegen seiner Prüfung das letzte Mal besuchte, ohne ihr von seinem bevorstehenden Abschied etwas zu sagen, was er kurze Zeit später brieflich nachholte. Goethe schrieb dazu sehr viel später in „Dichtung und Wahrheit":

„Die Antwort Friederikens auf meinen schriftlichen Abschied zerriss mir das Herz [...] Ich fühlte nun erst den Verlust, den sie erlitt, und sah keine Möglichkeit ihn zu ersetzen, ja nur ihn zu lindern. Sie war mir ganz gegenwärtig; stets empfand ich, dass sie mir fehlte, und was das Schlimmste war, ich konnte mir mein eignes Unglück nicht verzeihen. [...] Hier war ich zum ersten Mal schuldig; ich hatte das schönste Herz in seinem tiefsten verwundet [...].“[1]

Wie viel davon der Wahrheit entspricht, ist nicht auszumachen. Auffallend ist jedoch, dass Goethe 1775 eine Gelegenheit auslässt, Friederike erneut aufzusuchen und es erst 1779 zu einem Widersehen kommt, bei dessen Gelegenheit Goethe aber vermutlich mehr daran gelegen war, herauszufinden, wie sich sein alter Freund Lenz im Hause des Sesenheimer Pfarrers verhalten hatte.

Unmittelbar nach seiner Rückkehr aus Straßburg mit gerade 22 Jahren wurde Goethe als Rechtsanwalt beim Frankfurter Schöffengericht zugelassen. Auch hier zeigte sich, dass die Jurisprudenz keine Herzensangelegenheit für ihn war, sodass er in den nächsten vier Jahren lediglich 28 Prozesse führte und ansonsten reichlich Gelegenheit fand, seinen literarischen Interessen zu frönen. So entstanden noch 1771 „Zum Schäkespears Tag“ sowie eine erste Fassung von „Götz von Berlichingen“. Auf Empfehlung seines Vaters ging Goethe 1772 als Praktikant nach Wetzlar ans Reichskammergericht, wo er in die berühmte Dreiecksbeziehung mit Charlotte Buff und Christian Kestner geriet, die ihn zusammen mit dem Selbstmord Karl Wilhelm Jerusalems in Wetzlar 1772 schließlich zum Roman „Die Leiden des jungen Werther“ inspirierte, dessen Veröffentlichung 1774 seinen Autor schlagartig berühmt machte. Auch in lyrischer Hinsicht waren diese Jahre mit der Entstehung der großen Hymnen („Prometheus“, „Ganymed“) sehr produktiv. Ferner stammen zumindest die Erstfassungen zahlreicher weiterer großer Dichtungen („Faust“, „Egmont“, „Torquato Tasso“) aus dieser Zeit, die als schöpferischste Periode in Goethes Leben gelten kann, wenngleich vieles fragmentarisch blieb bzw. später sogar vom Autor vernichtet wurde (z. B. eine Caesar-Tragödie, ein Mahomet-Drama u. v. m.). Nicht verwechselt werden darf diese Berühmtheit freilich mit finanzieller Unabhängigkeit. Zwar kann der „Werther“ mit Fug und Recht als europäischer Erfolg bezeichnet werden, doch profitierten die Autoren in damaliger Zeit kaum vom Verkauf ihrer Bücher, da im zersplitterten Deutschland Raubdrucke nicht zu verhindern waren und daher schon nach kurzer Zeit zahlreich erschienen, ohne dass der Autor an den Einnahmen beteiligt wurde. So kam es, dass der Roman zwar ein regelrechtes Werther-Fieber hervorrief und man überall begann, die sogenannte Werther-Tracht zu tragen (blauer Frack mit gelber Weste), der Autor jedoch nach wie vor auf die finanzielle Unterstützung der Eltern angewiesen war. Erst sehr viel später erreichten die Honorare für seine Bücher ein erhebliches Ausmaß, jedoch blieb Goethe auch hier eine Ausnahmeerscheinung. Zudem hätten auch die vergleichsweise hohen Einnahmen der späteren Jahre nie ausgereicht, Goethes recht aufwendigen Lebensstil zu finanzieren, was erklärt, dass die Sorge um einen (zumeist als lästig empfundenen) Brotberuf oder die Suche nach anderen Einnahmequellen Goethe zeit seines Lebens beschäftigten.

Immerhin führte seine neu gewonnene Bekanntheit dazu, dass zahlreiche Menschen sich um seine Bekanntschaft bemühten, darunter auch der Weimarer Erbprinz Karl August von Sachsen-Weimar-Eisenach, den er im Dezember 1774 kennenlernte. Zudem verlobte sich Goethe in dieser Zeit mit Lili Schönemann, eine Verbindung, die jedoch wegen Spannungen zwischen den Familien und Goethes eigener Bindungsangst, die sich in regelrechten Fluchten in mehrere ausgedehnte Reisen äußerte, nie in eine Ehe mündete und daher im Herbst 1775 wieder gelöst wurde. Am 30. Oktober folgte Goethe gegen den Rat seines Vaters dem Angebot des Weimarer Erbprinzen, für einige Zeit zu ihm nach Weimar zu kommen, eine Entscheidung, die Goethes gesamtes weiteres Leben beeinflussen sollte.

[1] Goethe: Dichtung und Wahrheit. 12. Buch. Hamburger Ausgabe. Band 9, S. 520

1.2 Anakreontik – Die Nacht/An Luna

Kurzinterpretation

Die beiden Gedichte (**Arbeitsblatt 1**, S. 38) gehören zu den bekanntesten Gedichten aus dem Jugendwerk Goethes, das landläufig mit dem Oberbegriff anakreontische Lyrik versehen wird. Es kann kaum verhehlt werden, dass diese etwas rokokohaft anmutenden Gedichte vermutlich der Vergessenheit anheimgefallen wären, stammten sie nicht von dem berühmten Goethe. So werden sie rezeptionsgeschichtlich denn auch häufig allein unter dem Aspekt untersucht, inwieweit sich in den konventionell wirkenden Gedichten Anklänge an das spätere Genie finden lassen. Andererseits haben diese Texte gewiss auch ihren ganz eigenen Reiz, der durch eine solch einseitige Betrachtung ein wenig verstellt wird.
Das Gedicht „Die Nacht" wurde von dem neunzehnjährigen Goethe während seiner Leipziger Zeit 1768 Friederike Öser gewidmet und 1770 in leicht veränderter Form veröffentlicht. Im Gegensatz zu vielen anderen Jugendwerken ließ Goethe dieses Gedicht auch später noch gelten und nahm es 1789, in allerdings stark veränderter Form, in die Ausgabe seiner „Schriften" auf. Das regelmäßige Gedicht folgt formal einem strengen Aufbau: Es besteht aus zwei Strophen mit jeweils acht kreuzweise gereimten, aus vierhebigen Trochäen bestehenden Zeilen mit abwechselnd weiblicher und männlicher Kadenz. Der erste Satz (V. 1–4) kennzeichnet die nächtliche Situation, der durch das Verlassen einer Hütte, die als Aufenthalt der Geliebten beschrieben wird, bereits eine erotische Komponente beigefügt wird. Der zweite Satz (V. 5–8) bietet eine mythologisierende Beschreibung der nächtlichen Natur, deren Wirkung auf das lyrische Ich in der zweiten Strophe näher ausgeführt wird und die in einer Reihe von Ausrufen gipfelt (V. 9–13), bevor der abschließende Konditionalsatz mit der Schlusspointe die Erotik des Gedichtbeginns konterkariert und in den Bereich einer Fantasievorstellung rückt.
Das Gedicht spielt souverän mit dem klassischen Repertoire anakreontischer Lyrik, indem bereits zu Beginn mit der Erwähnung einer dem ländlichen Bereich zuzuordnenden „Hütte" sowie der „Schönen" entsprechende der typischen Schäferlyrik zuzuordnende Signale gesetzt werden. Typisch ist ferner die Art der Schilderung der nächtlichen Natur, die jeder Wildheit entbehrt und in ihrer antikisierenden Beschreibung („Zephir", „Luna") der Topik eines *locus amoenus* entspricht. Dem Leser drängt sich eher das Bild einer nächtlichen Parklandschaft denn eines Naturwaldes auf, ein Eindruck, der durch die Personifikation des Mondes als Göttin Luna, der der Wind (Zephir) sowie die Birken dienen, indem sie ihren Lauf melden bzw. Blütenstaub als Weihrauch ausstreuen, noch verstärkt wird.
Die folgenden Verse beschreiben dann die Wirkungen dieser Natureindrücke auf das lyrische Ich, dessen Seele, von den Eindrücken überwältigt, schmilzt und dessen Herz zu fühlen beginnt, zwei zentrale Motive der empfindsamen Lyrik des 18. Jahrhunderts. Diese Empfindungen gipfeln dann in vier Ausrufen, die in rhetorischer Form die Empfindungen des lyrischen Ich zusammenfassen.
Erst die Schlusspointe, dass das lyrische Ich 1000 solcher Nächte gegen eine einzige Liebesnacht mit seinem Mädchen tauschen würde, enthüllt diese Gefühle dann als bloßen rhetorischen Gegenpol, durch die die erotischen Wunschvorstellungen des Mannes noch gesteigert werden sollen, wobei die Frau, gemäß den Regeln der galanten Lyrik, nicht als Gefährtin, sondern nur als Objekt männlicher Begierden erscheint.
Von einer ähnlichen Spannung zwischen empfindsamen und tändelnden Passagen lebt auch das zweite ausgewählte Gedicht, „An Luna" aus dem Jahre 1769, das vermutlich nach seiner Rückkehr nach Frankfurt entstand und ein Reflex auf die Beziehung zu Katharina Schönkopf sein könnte, einer drei Jahre älteren Wirtstochter, der Goethe vergeblich den Hof machte und die letztlich am Standes- und Altersunterschied scheiterte. Ob die sich anschließende bereits erwähnte schwere Krankheit der Frankfurter Zeit wirklich eine Reaktion auf diese unglückliche Liebe war, ist letztlich nicht zu beantworten.

Auch dieses Gedicht ist insgesamt regelmäßig aufgebaut. Es besteht aus drei Strophen mit jeweils acht vierhebigen trochäischen Versen, die umarmend gereimt sind und abwechselnd männliche und weibliche Kadenzen aufweisen.
Das Gedicht beginnt mit einer Anrufung des Mondes, der ganz konventionell personifiziert als Schwester der Sonne angeredet wird. Es folgt ein eindringliches, melancholisch wirkendes Bild der nächtlichen Landschaft, das in dem Wunsch gipfelt, an die Seite des Mondes gehoben zu werden. Das lyrische Ich schlüpft zunächst in die Rolle eines schwärmerischen Poeten, der aus „tagverschlossnen Höhlen" durch den weiblich personifizierten Mond aufgeweckt wird. In der Mitte der zweiten Strophe wechselt die Rolle zugleich, indem das lyrische Ich in seiner Wunschvorstellung nun als Ritter in der dritten Person und im Konjunktiv von sich spricht. Zugleich bekommt das Gedicht durch den Wunsch, das geliebte Mädchen in der Nacht durch das Fenster zu beobachten, eine deutlich erotische Komponente. Nach einem erneuten Wechsel in die erste Person gipfelt dieser Teil in der rhetorischen Frage, was bei einem solchen voyeuristischen Blickwinkel wohl verborgen bleiben könne. An dieser Stelle nimmt das Gedicht eine erneute Wendung mit dem mahnenden Ausruf „Doch was das für Wünsche sind!", durch die in der Folge gewitzt der Voyeurismus als solcher entlarvt und zugleich verdeutlicht wird, dass eine echte Erfüllung der Begierde mehr braucht als ein unverstelltes Blickfeld. Das so bedächtig beginnende Gedicht entpuppt sich bei näherer Betrachtung als ein souveränes Spiel, in dem das lyrische Ich nacheinander in verschiedene Rollen schlüpft und kokett mit der Erotik der geschilderten Situation spielt. Gerade die Perspektivwechsel verdeutlichen hierbei die Austauschbarkeit der Rollen, die lediglich verschiedene Facetten eines Spiels ohne Folgen bilden.

Hinweise für den Einsatz im Unterricht

Die Gedichte sind thematisch so unmittelbar verständlich und vor allem in der Bildsprache so konventionell, dass sie im Unterricht ohne ein vorbereitendes Referat bzw. einführende Informationen zu ihren Entstehungsbedingungen zu interpretieren sind. Ein entsprechendes Kurzreferat insbesondere zu der Beziehung zu Katharina Schönkopf könnte sich aber an die Besprechung des zweiten Gedichts anschließen, da der Kontrast zum realen Verlauf und seiner (möglichen) Spiegelung in diesem Gedicht besonders gut geeignet ist, die Rollenhaftigkeit dieser Art von Lyrik zu verdeutlichen und sie somit von der den Schülern vermutlich geläufigeren Erlebnislyrik abzugrenzen, ein Begriff, der auf die Lyrik Goethes ohnehin nur sehr bedingt anwendbar ist.
Nachdem das Gedicht zunächst vorgetragen wurde, bietet sich hier eine kreative Umsetzung an, um den Blick auf die Gestaltung des Naturraums zu lenken.

- *Halten Sie in einer Skizze/Zeichnung die Szenerie fest, wie sie die erste Strophe des Gedichts vor Ihren Augen erscheinen lässt.*

Idealtypisch sollte sich bei der Präsentation der Ergebnisse ein Eindruck der Künstlichkeit der hier geschilderten Idylle ergeben. Hieran kann sich dann die textanalytische Erschließung des Textes anschließen. Sollte die Lerngruppe noch keine oder nur geringe Erfahrung mit der Erschließung lyrischer Texte haben, kann an dieser Stelle ein entsprechendes Arbeitsblatt (**Zusatzmaterial 1**, S. 121) entlastend eingesetzt werden.

- *Unterziehen Sie das Gedicht „Die Nacht" einer gründlichen formalen und metrischen Analyse.*
- *Erstellen Sie eine Strukturskizze, die den Aufbau und die sprachliche Gestaltung verdeutlicht. Achten Sie hierbei besonders auf Signale, die auf eine Veränderung der von dem Gedicht ausgehenden Stimmung hindeuten.*

Die Ergebnisse können anschließend entweder von den Schülern auf Folie präsentiert oder gemeinsam im Unterrichtsgespräch in folgendem Tafelbild gesichert werden. Ergeben sollte sich hierbei insbesondere die Distanzierung von der zuvor geradezu romantisch wirkenden Szenerie durch die erotisierende Schlusspointe.

Johann Wolfgang Goethe: Die Nacht (1768)

I. Schilderung der Situation (V. 1–4)
Skizzierung eines *locus amoenus* (Hütte, Wald)

II. Veredelung durch das Mondlicht (V. 5–8)
Verwendung antikisierender Personifikationen (Luna, Zephir)
Verneigung der Natur vor der Erscheinung des Mondlichts

III. Wirkung auf das lyrische Ich (V. 9–13)
Öffnung der Seele und des Herzens des lyr. Ichs für Empfindungen
klimaktische Ausrufe als Bekräftigung der Überwältigung

IV. distanzierende Schlusspointe (V. 14 ff.)
Bekenntnis, all dieses Glück gegen eine Liebesnacht mit der Liebsten eintauschen zu wollen

Zuspitzung des Gedichts auf galanten (erotischen) Scherz

Anschließend kann dieses Merkmal der Zuspitzung eines Gedichts auf eine Schlusspointe an dem Paralleltext „An Luna" untersucht werden. Hierbei bietet sich zum einen die Möglichkeit an, das Gedicht den Schülern zunächst unvollständig (bis Vers 20) vorzulesen und sie anschließend aufzufordern, selbst ein Gedichtende zu verfassen, das den Regeln der hier angedeuteten *argutia* (rhetorische Spitzfindigkeit) genügt. Alternativ kann das Gedicht aber auch textanalytisch untersucht und mit dem gerade behandelten Gedicht verglichen werden.

- *Untersuchen Sie das Gedicht „An Luna" auf seine Bilder bzw. sprachlichen Mittel und vergleichen Sie es mit dem Gedicht „Die Nacht".*
- *Welche Rollen nimmt das lyrische Ich in beiden Gedichten an und wo wechselt es die Rollen?*

Ergeben sollte sich neben den Ähnlichkeiten der Bildsprache (Personifikationen des Mondes, Auslösen empfindsamer Stimmungen durch das Auftreten des Mondlichts, emphatische Ausrufe usw.), die zugleich das Neue an Goethes Lyrik ausmacht, das mit dem später aufkommenden Begriff der Erlebnislyrik nur sehr ungenau beschrieben werden kann, als möglicher Unterschied auch die größere Natürlichkeit des zweiten Gedichts, das auf antikisierende Elemente weitgehend verzichtet und das daher auf uns zumindest im ersten Teil sehr viel unmittelbarer wirkt als die konventionell gestaltete Mondgöttin in „Die Nacht". Andererseits verliert sich diese Unmittelbarkeit durch die in dem zweiten Gedicht sehr viel häufigeren Rollenwechsel, die an der „Echtheit" der Empfindungen von Beginn an Zweifel aufkommen lassen und auf den spöttischen Schluss vorbereiten. Abschließend kann dann versucht werden, die Stellung der Lyrik des jungen Goethe zwischen konventionellen Mitteln und tastenden Experimenten mit dem Neuen näher in den Blick zu nehmen.

- *Die Lyrik des jungen Goethe wird häufig in die Tradition der sogenannten Anakreontik gestellt. Informieren Sie sich in einem Ihnen zugänglichen Nachschlagewerk oder im Internet über diesen Begriff und diskutieren Sie die Berechtigung seiner Anwendung auf die beiden vorliegenden Gedichte.*

Sollte dieser komplexe Auftrag eine Überforderung für die Schüler darstellen, kann auch auf ein ergänzendes Arbeitsmaterial (**Arbeitsblatt 2**, S. 39) zurückgegriffen werden, das den Schülern zur Verfügung gestellt oder als Folie projiziert werden kann. Es empfiehlt sich hierbei, zunächst nur auf die Bilder zurückzugreifen und die Schüler nach einer kurzen Beschreibung aufzufordern, Themen und Gestaltung einer dem „Programm" der Gemälde entsprechenden Dichtung zu entwickeln und diese schlagwortartig an der Tafel zu sammeln. Im Anschluss daran können diese Informationen durch den beigefügten Lexikonartikel ergänzt und in folgendem Tafelbild gesichert werden:

Merkmale anakreontischer Dichtung

- diesseitige, meist erotische oder humorvolle Thematik
- Verwendung antiker mythologischer Gestalten (Luna, Pan, Nymphen etc.)
- Schauplatz ist freie, aber schöne und gestaltete/gezähmte Natur (locus amoenus)

⬇

Anakreontik
(benannt nach einem griech. Dichter des 6. Jh. v. Chr.,
im strengeren Sinne vor allem Odendichtung)

1.3 Sesenheimer Lieder I: Liebeserlebnis – Es schlug mein Herz/Willkomm' und Abschied

Kurzinterpretation

„Willkomm' und Abschied" (**Arbeitsblatt 3**, S. 40) gehört vermutlich zu den bekanntesten und beliebtesten Gedichten Goethes und damit wohl auch zu den meistinterpretierten Texten der deutschen Literaturgeschichte überhaupt. Es ist eines der sogenannten Sesenheimer Lieder, also jener Gedichte, die Goethe während seiner Straßburger Zeit für die von ihm geliebte Pfarrerstochter Friederike Brion verfasste. Wie bei kaum einem anderen Text hat sich bei diesem eine biografische Interpretation durchgesetzt, die das Gedicht als Ausdruck eigenen Erlebens Goethes, ja sogar als Widerspiegelung eines konkreten Erlebnisses Goethes deutet. Goethe selbst hat dieser Sichtweise Vorschub geleistet, indem er im 11. Buch seiner Autobiografie aus dem Abstand von 40 Jahren einen Besuch bei Friederike Brion wie folgt schilderte:

> „Ich glaubte eine Stimme vom Himmel zu hören und eilte, was ich konnte, ein Pferd zu bestellen und mich sauber herauszuputzen. Ich schickte nach Weyland, er war nicht zu finden. Dies hielt meinen Entschluss nicht auf, aber leider verzogen sich die Anstalten, und ich kam nicht so früh weg, als ich gehofft hatte. So stark ich auch ritt, überfiel mich doch die Nacht. Der Weg war nicht zu verfehlen, und der Mond beleuchtete mein leidenschaftliches Unternehmen. Die Nacht war windig und schauerlich, ich sprengte zu, um nicht bis morgen früh auf ihren Anblick warten zu müssen. Es war schon spät, als ich in Sesenheim mein Pferd einstellte."[1]

Auf den ersten Blick scheint diese Aussage eine biografische Deutung nahezulegen, doch muss letztlich offenbleiben, ob das Gedicht tatsächlich auf ein konkretes Erlebnis zurückzuführen ist oder ob nicht vielmehr in der Rückschau das Gedicht den Anlass für eine biografische Erzählung geliefert hat.

Wie viele der frühen Gedichte hat auch dieses eine eigene Überlieferungsgeschichte: Die Originalfassung Goethes, die er 1770/71 Friederike übersandte, ist verloren gegangen, lediglich die ersten zehn Zeilen haben sich in einer Abschrift erhalten. 1775 wurde das Gedicht, noch ohne Titel, in der Zeitschrift „Iris" veröffentlicht. 1798 nahm Goethe es in überarbeiteter Form unter dem Titel „Willkomm' und Abschied" in die Ausgabe seiner Werke auf, seit 1810 trägt es dann den Titel „Willkommen und Abschied". In Bezug auf den Titel, der scheinbar weite Teile des Gedichts ausklammert, hat der Literaturwissenschaftler Eckhardt Meyer-Krentler auf den interessanten Aspekt aufmerksam gemacht, dass es sich bei „Willkomm' und Abschied" um einen juristischen terminus technicus handelt, der dem Juristen Goethe mit Sicherheit vertraut gewesen sein dürfte: Es handelt sich um die Bezeichnung für die Prügelstrafe, die ein Häftling, seit 1786 in Preußen vorzugsweise Sittlichkeitsverbrecher, zu Beginn und am Ende seiner Haftzeit erhielt, was sowohl auf den in dem Gedicht thematisierten Verstoß gegen bürgerliche Moralvorstellungen und die Unverbesserlichkeit des Delinquenten hindeutet als auch darauf, dass Goethe sich in späteren Jahren offenbar bewusst wurde, dass er sich Friederike gegenüber schuldig gemacht hat.

Betrachtet man zunächst die titellose Erstfassung, so fällt im Vergleich zur Jugendlyrik Goethes das Ungebändigte der Naturerfahrung und die Selbststilisierung des lyrischen Ichs auf, die beide auf ihre Art dazu beigetragen haben, diese Art von Lyrik mit dem Etikett Erlebnislyrik zu versehen. Dabei bietet das Gedicht formal nur wenig spektakulär Neues: Es besteht aus vier Strophen mit je acht vierhebig jambischen Versen mit abwechselnd weiblichen und männlichen Kadenzen, die allesamt den Kreuzreim verwenden. Der in der Literaturwissenschaft oft geäußerten Interpretation, der gleichmäßige Rhythmus unterstreiche den Inhalt und evoziere beim Leser den Eindruck eines Rittes, muss widersprochen werden, da das Gedicht relativ frei mit der einfach liedhaften jambischen Form verfährt, die durch Interpunktion und Akzentuierung immer wieder dramatisch unterbrochen wird, wie zum Beispiel im zweiten Vers („Und fort, wild, wie ein Held zur Schlacht!"), in dem auf mehrere betonte mehrere unbetonte Silben folgen. All dies unterstreicht den Eindruck von Lebendigkeit und Aufregung, der das Gedicht auch inhaltlich viel mehr bestimmt als der Eindruck eines gleichmäßigen Rittes.

Geschildert wird in den ersten beiden Strophen in einer dennoch wie erlebte Rede wirkenden Rückschau der nächtliche Aufbruch eines jungen Mannes zu seiner Geliebten, dessen Unterfangen sich die Natur scheinbar entgegenzustellen scheint, die aber durch den Mut des lyrischen Ichs überwunden wird. Die dritte Strophe schildert in bewegten Worten seine Ankunft, in der die weitere Liebesbegegnung allenfalls angedeutet wird (Erröten, Zärtlichkeit). Die vierte Strophe setzt wiederum mit dem tränenreichen Abschied vonseiten des Mannes ein, findet jedoch mit dem ins Präsens gesetzten Preis der Liebe einen ähnlich pointierten Schluss wie die anakreontischen Jugendgedichte.

---

[1] Goethe: Dichtung und Wahrheit. 11. Buch. Hamburger Ausgabe. Band 9, S. 452f.

Betrachtet man zunächst die ersten beiden Strophen, die thematisch eine Einheit bilden, so fallen nach dem unvermittelten Einsetzen des Gedichts zunächst die für ein Liebesgedicht ungewöhnliche Wortwahl und der Hang zu hyperbolischem Sprechen als hervorstechendste Stilmerkmale auf. Das lyrische Ich stilisiert sich zu einem in die Schlacht reitenden Helden (V. 2), dem in der Nacht Berge, Bäume und der Wind als Riesen und Ungeheuer hundert-, ja sogar tausendfach entgegentreten, die es aber durch seinen tausendfacheren Mut und durch das der äußeren Dunkelheit antithetisch entgegengestellte Feuer seines Herzens, das als Zentralbegriff in jeder Strophe vorkommt, überwindet.
Unmittelbar wie der Beginn erfolgt auch der Übergang zur Liebesbegegnung in der dritten Strophe. Auffallend ist nach dem Gefühlsüberschwang der ersten beiden Strophen die Schlichtheit der Sprache, wobei nur das „rosenfarbe[s] Frühlingswetter" (V. 21) und der emphatische Ausruf „ihr Götter" herausstechen. Ansonsten ist dieser Teil ganz geprägt durch das Gefühl von Harmonie und Eintracht.
Die letzte Strophe setzt ebenso überleitungslos mit dem Abschied ein, das Zusammensein wird (diskret) übergangen. Auffallend ist, dass es der Mann ist, der weint, als seine Geliebte, die ihn ein Stück des Weges begleitet hat, ihn verlässt und nach Hause zurückkehrt. Ein Grund für den Abschied wird nicht genannt, auch nicht, ob es sich um einen Abschied für immer handelt. Sprachlich wird dieser Teil durch die zahlreichen Ausrufe und die erneute Anrufung der „Götter" geprägt, die der Situation etwas Pathetisches verleihen. Auf die Pointierung des Schlusses wurde bereits hingewiesen, doch fehlt dieser im Gegensatz zum Jugendwerk jeder Hang zur Spitzfindigkeit, sondern wirkt natürlich und gibt dem Gedicht trotz des Abschieds ein versöhnliches Ende.

Hinweise für die Umsetzung im Unterricht

Die Entstehungsumstände und der biografische Bezug können genutzt werden, um mit einem einleitenden Referat zu Goethes Straßburger Zeit und zu seiner Beziehung zu Friederike Brion in die Besprechung des Gedichts einzusteigen. Im Anschluss daran sollte das Gedicht zunächst vorgetragen werden, woran sich nach einer Phase der Erstrezeption folgende Aufgabe anschließen könnte:

- *Das Gedicht wurde von Goethe titellos an Friederike Brion übersandt. Versuchen Sie, einen geeigneten Titel zu finden und begründen Sie Ihre Wahl.*

Eine Antwort wird den Schülern vermutlich nicht leichtfallen, entzieht sich das Gedicht wegen seiner inhaltlichen Brüche doch einer eindeutigen Betitelung, sodass auf diese Weise im Unterrichtsgespräch bereits eine erste Gliederung des Gedichts erarbeitet werden kann. Im Anschluss daran sollte der Text den Schülern dann als Arbeitsblatt zur Verfügung gestellt werden. Sollten die Schüler mit den rhetorischen Figuren nicht vertraut sein, so kann auf ein entsprechendes Arbeitsblatt (**Zusatzmaterial 2**, S. 122ff.) zurückgegriffen werden.

- *Gliedern Sie das Gedicht unter inhaltlichen Gesichtspunkten und untersuchen Sie, ob und inwiefern diese auch sprachlich ihren Niederschlag in dem Gedicht finden. Benennen Sie hierzu auch die verwendeten Stilmittel.*
- *Charakterisieren Sie hiervon ausgehend das lyrische Ich und besonders sein Verhältnis zur Natur.*
- *Wie wird das Verhältnis der Liebenden dargestellt?*
- *Die Sesenheimer Gedichte Goethes, zu denen dieses gehört, werden oft mit dem Begriff „Erlebnislyrik" versehen. Erörtern Sie die Berechtigung dieser Bezeichnung unter besonderer Berücksichtigung folgender Passage aus Goethes autobiografischem Werk „Dichtung und Wahrheit" (s. Arbeitsblatt 3).*

Ergeben sollte sich, dass die inhaltliche Gliederung ihren Niederschlag in der vorn skizzierten Weise auch in der sprachlichen Gestaltung findet, indem je nach Stimmung des lyrischen Ichs ganz unterschiedliche Töne angeschlagen werden. Die Ergebnisse können anschließend in folgendem Tafelbild gesichert werden:

Johann W. Goethe: Es schlug mein Herz (1775)

Strophe 1 und 2: Schilderung des Aufbruchs und des nächtlichen Ritts zur Geliebten

- Ausrufe (V. 1, 15, 16)
- Hyperbeln (V. 8, 13, 14)
- Personifikationen (V. 6, 7f., 9f.,14)
- Anaphern (V. 15f.)
- Antithese (V. 13f.)
- Herzmetapher (V. 16)

→ Selbststilisierung des lyrischen Ichs zum Helden durch Dämonisierung der Natur, Natur als Projektionsfläche/Spiegel der Stimmung des „Helden"

Strophe 3: Schilderung der Ankunft

- stimmungsvolle Adjektive (mild, süß, rosenfarben, lieblich)
- emphatischer Ausruf (V. 23)
- Herzmetapher (V. 19)

→ Atmosphäre von Glück und Harmonie bei bewusster sprachlicher Schlichtheit

Strophe 4: Schilderung des Abschieds, Schlusspointe

- elliptische Ausrufe (V. 25, 27ff.)
- emphatischer Ausruf (V. 32)
- Herzmetapher (V. 26)

→ Abmilderung der emotionalen Überwältigung durch Abschied durch positives Fazit

⬇

Erlebnislyrik
(künstlerische Gestaltung eines individuellen Empfindens)

Wichtig ist, den Schülern zu verdeutlichen, dass es nicht bloß um die schlichte Wiedergabe eines Erlebnisses geht, sondern dass die künstlerische Gestaltung und vor allem ihre individuelle Form das Entscheidende und zugleich auch Neuartige an dieser Dichtung sind. Wie sehr der Gestaltungswille die (durchaus realen) Empfindungen überlagert, kann durch einen Vergleich der unterschiedlichen Fassungen (**Arbeitsblatt 4**, S. 41) gut herausgearbeitet werden.

■ *Für die Veröffentlichung in einer ersten Ausgabe seiner Werke hat Goethe das Gedicht „Es schlug mein Herz" einer Überarbeitung unterzogen. Vergleichen Sie die beiden Fassungen miteinander und versuchen Sie, die möglichen Gründe für die Veränderungen zu ermitteln.*

Eine vollständige Gegenüberstellung der Unterschiede beider Fassungen könnte wie folgt aussehen:

Es schlug mein Herz	Willkomm' und Abschied	mögliche Motivation
titellos	s.o.	?
V. 2 Und fort!, ...	Es war getan ...	Abmilderung des Pathos
V. 5 stund	stand	Modernisierung einer archaischen Form
V. 9 einem Wolkenhügel	seinem Wolkenhügel	stärkere Personalisierung
V. 10 schläfrig	kläglich	Intensivierung
V. 14 tausendfacher ...	frisch und fröhlich	Abschwächung
V. 15 mein Geist	In meinen Adern	leichte Abmilderung
V. 16 mein ganzes Herz ...	In meinem Herzen	Intensivierung des Gefühls durch Abmilderung des Pathos
V.17 Ich sah dich	Dich sah ich	Betonung der Begegnung, Abschwächung der Ich-Bezogenheit
V. 21 rosenfarbes	rosenfarbnes	Modernisierung
V. 22 Lag auf dem ...	Umgab das ...	Verdeutlichung des inneren Gefühls, dass äußerlich sichtbar wird
V. 23 für mich, ihr Götter	Für mich – ihr Götter	Emphase durch Unterbrechung des Leseflusses
V. 24 nicht.	nicht!	Intensivierung
V. 25 Der Abschied	Doch ach, schon mit der Morgensonne	Gegensatz zur Nacht, Erotisierung durch Tageliedmotiv
V. 27 In deinen Küssen welche Liebe	In deinen Küssen, welche Wonne!	Intensivierung des erotischen Liebesgenusses
V. 29 Du gingst ...	Ich ging ...	Umkehr der Perspektive, Mann ist aktiv
V. 30 Und sah dir nach mit nassem Blick	Und sahst mir nach mit nassem Blick	Abschwächung der Emotionalität beim Mann, Verstärkung bei der Frau

Die Gegenüberstellung verdeutlicht die Komplexität des Arbeitsprozesses. Insgesamt lassen sich drei Komplexe der Überarbeitung erkennen. Zum einen wurden Formulierungen nachträglich geglättet und der künstlerische Ausdruck weiter verfeinert. Als archaisch empfundene Wendungen wurden modernisiert und die inneren Gefühle werden sprachlich noch intensiver dargestellt. Demgegenüber lassen sich Änderungen nachweisen, in denen genau das Gegenteil geschieht, indem das als möglicherweise unangemessen empfundene Pathos abgemildert und Übertreibungen vermieden werden. Man ist leicht versucht, dies auf das höhere Alter Goethes zurückzuführen, der im wahrsten Sinne des Wortes seine „Sturm-und-Drang-Phase" hinter sich gelassen hatte. Einen etwas zwiespältigen Eindruck hinterlässt beim modernen Leser der letzte Überarbeitungskomplex, der das Gedicht deutlich klassischen Rollenbildern annähert: Plötzlich ist der Mann der aktivere und weniger emotionale Teil, zudem tritt die erotische Komponente deutlicher hervor. Ließ die Erstfassung allein durch das Offenlassen des Zeitpunkts der Trennung noch dezent offen, wie weit die Zärtlichkeiten der Begegnung tatsächlich gingen, so ließ für einen zeitgenössischen Leser die an das Tagelied gemahnende Erwähnung der Morgensonne keinen Zweifel mehr daran, wozu es in der Nacht gekommen sein musste. Ob eine reale Liebesnacht im Hause der Pfarrersfamilie Brion überhaupt denkbar gewesen wäre, muss offenbleiben, doch werden das Illegitime der Beziehung sowie die Endgültigkeit der Trennung der Liebenden am Ende deutlich verstärkt und es ist eben der Mann, der die Frau verlässt, und nicht umgekehrt. Auf der einen Seite werden hier die biografischen Bezüge noch deutlicher hervorgehoben, denn es war ja eindeutig Goethe, der Friederike verlassen hatte, sodass die vorgenommene Wahl eines Titels durchaus als Reflex hierauf gesehen werden kann, wie in der Interpretation angedeutet. Auf der anderen Seite glätten diese Veränderungen Dinge, die als eher peinlich empfunden worden sein mögen und verstärken auf diese Weise gerade das Konventionelle der Liebesbeziehung. Diese Veränderung der Gedichtaussage aus männlicher Sicht reizt insbesondere Schülerinnen zu Widerspruch, sodass sich zum Abschluss eine der unten angeführten produktionsorientierten Aufgabenstellungen anbietet.

- *Verfassen Sie einen Tagebucheintrag, in dem Sie die geschilderte Nacht aus der Sicht der Frau beschreiben.*

oder

- *Verfassen Sie einen Brief Friederike Brions an Goethe, in dem Sie über Ihre Beziehung und Ihre literarische Umsetzung durch Goethe reflektieren.*

1.4 Sesenheimer Lieder II: Naturerfahrung – Maifest

Kurzinterpretation

Zusammen mit „Willkommen und Abschied" gehört das „Maifest" (**Arbeitsblatt 5**, S. 42f.), das von Goethe für die Ausgabe der Werke 1789 in „Mailied" umbenannt wurde, zu den bekanntesten und beliebtesten der Sesenheimer Gedichte für Friederike Brion. Viele Interpreten ziehen das „Maifest" sogar vor und halten es für einen, wenn nicht den Höhepunkt der deutschen Lyrik überhaupt. Betrachtet man den Text, so erscheint diese Begeisterung auf den ersten Blick unverständlich, zu abgegriffen erscheinen die Bilder und zu naiv wirkt die Begeisterung, die der Text ausstrahlt. Eine solche Betrachtung übersieht freilich, dass vieles von dem, was uns konventionell erscheinen mag, gerade durch den Bekanntheitsgrad dieses Gedichtes erst zur Konvention wurde, dass also der Ton, den Goethe hier trifft, sehr persönlich und innig ist.
Auch formal unterscheidet sich das „Maifest" von den bisher analysierten Beispielen. Es besteht aus neun Kurzstrophen mit je vier Kurzzeilen, bietet also kaum Raum für breit angelegte Narrationen. Die metrische Struktur des Textes ist trotz des volksliedhaft wirkenden Aufbaus nur schwer eindeutig zu fassen. Zwar liegt fast durchgängig ein zweihebiger Jambus vor, doch lassen sich einzelne Verse auch anders lesen, so zum Beispiel der zweite Vers der ersten Strophe als Daktylus oder der vierte Vers der zweiten Strophe als Anapäst. Diese Unregelmäßigkeiten bewirken eine starke Konzentration des Lesers, führen gleichzeitig aber auch zu einem Verschwimmen der Versgrenzen, indem der Leser dazu veranlasst wird, über die Versgrenzen hinweg zu lesen, sodass zwei Kurzzeilen klanglich quasi eine Langzeile bilden. Ein ähnlich freier Umgang mit der Form lässt sich auch bezüglich des Reimschemas feststellen. Fast durchgängig, mit Ausnahme der zweiten Strophe, reimen sich der zweite und vierte Vers jeder Strophe, während der erste und dritte Vers Waisen sind. In der zweiten Strophe gilt dies nur bei Verwendung einer mundartlichen Aussprache des Wortes „Zweig".
Der angedeuteten metrischen Atemlosigkeit, die durch zahlreiche Enjambements noch verstärkt wird, entspricht eine inhaltliche Emphase, mit der enthusiastisch die Natur und vor allem die Liebe gefeiert werden. In Form von Ausrufen, Ellipsen und knappen Hauptsätzen besingt das lyrische Ich das Hervorbrechen der Natur, die Liebe allgemein und die Liebe zu seinem Mädchen insbesondere. Die Strophen 1–3 widmen sich dabei der Natur, die zunächst in Ausrufen personifiziert wird. Auch metrisch fällt hierbei das Pronomen „mir" (V. 2) aus dem Rahmen, da es andeutet, dass die Natur scheinbar nur um des lyrischen Ichs willen da ist. Auffallend ist ferner die häufige Wiederholung des absoluten Vergleichs („Wie"), der die im wahrsten Sinne unvergleichliche Schönheit der Natur verdeutlicht. Von dieser Kraft der Natur sind alle Kreaturen betroffen, Pflanzen, Tiere und die Menschen, in deren Brust der Mai Freude und Wonne hervorbringt. Der erste Teil endet in einer Reihe von Ausrufen, die bereits die im Folgenden konstituierende Identität von Natur und Gefühl andeuten.
Mit der vierten Strophe setzt mit der Anrufung der Liebe das Gedicht einen neuen Akzent.

Diese wird in ihrer Schönheit mit der Natur gleichgesetzt, dabei direkt angerufen und in neologistischen Formulierungen („Blütendampfe“, V. 19) als segnend bezeichnet. Diese der religiösen Sphäre zugehörigen Worte offenbaren ein pantheistisches Verständnis der Natur und der sie beseelenden Kraft der Liebe. Erst jetzt erfolgt die Anrufung des Mädchens und die Beteuerung der Gegenseitigkeit der Liebe, die durch die dreimalige Wiederholung des vergleichenden „wie“ noch hervorgehoben wird.
Die drei Schlussstrophen zeigen in Form eines Vergleichs erneut die Allgegenwart der Liebe, die Tierreich („Lerche“), Pflanzenwelt („Morgenblumen“) und Menschen erfasst und zudem durch das Mädchen das lyrische Ich schöpferisch tätig werden lässt, indem sie ihn als Muse zu „neuen Liedern und Tänzen“ (V. 33f.) inspiriert. Rätselhaft und nicht eindeutig interpretierbar erscheinen die letzten beiden Verse, die der Geliebten ewiges Glück wünschen.
Unklar ist, in welcher Weise das „wie du mich liebst“ (V. 36) zu verstehen ist. Ob dieses „wie“ modal (indem) oder kausal (weil) zu verstehen ist, muss letztlich offenbleiben.

Hinweise zum Einsatz im Unterricht

Vorgeschlagen wird hier der Einsatz einer verrätselten Form des Gedichts, verbunden mit folgendem Arbeitsauftrag an die Schüler:

- *Ergänzen Sie die Lücken durch Ihnen sinnvoll erscheinende Begriffe.*
- *Lesen Sie die vollständige Fassung und vergleichen Sie diese mit Ihren Entwürfen.*

Es geht in der sich anschließenden Besprechung nicht darum, zu überprüfen, wer dem Original am Nächsten gekommen ist, sondern darum, ein Gefühl für die allumfassende Begeisterung des lyrischen Ich und seines Naturverständnisses zu bekommen. Dies kann anschließend textanalytisch vertieft werden.

- *Welche Bedeutung hat die Natur für das lyrische Ich?*
- *In welchem Verhältnis stehen Liebe, Natur und Menschen zueinander?*
- *Welche Konsequenzen ergeben sich aus der Liebe für das lyrische Ich?*

Die Ergebnisse können anschließend in folgender Strukturskizze gesichert werden:

Johann Wolfgang Goethe: Maifest

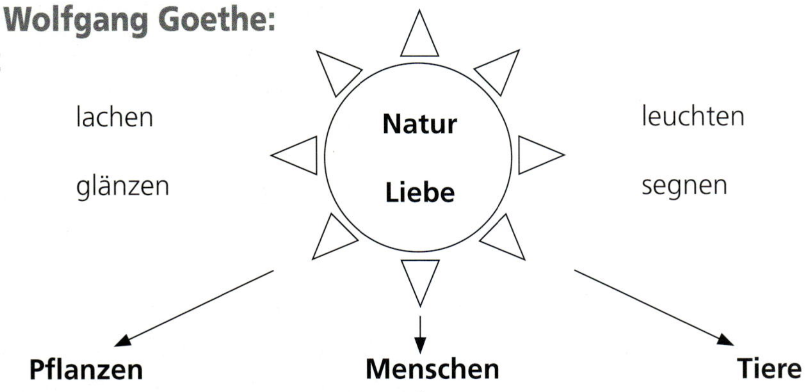

- Liebe als Entsprechung von Lieben und Geliebtwerden
- vollständige Harmonie von Natur und Individuum
- Liebe als Voraussetzung für Kreativität

Im Hinblick auf die in dem Gedicht deutlich werdenden pantheistischen Vorstellungen bietet sich an dieser Stelle ein Vergleich mit einem Romanauszug aus Goethes „Die Leiden des jungen Werthers" an. (**Arbeitsblatt 6**, S. 44).

- *Verschaffen Sie sich einen Überblick über die Entstehung und den Inhalt des Romans „Die Leiden des jungen Werthers" von Johann W. Goethe.*
- *Vergleichen Sie die Naturdarstellung des angegebenen Textauszuges mit der in dem Gedicht „Maifest".*

Der Vergleich sollte ergeben, dass in beiden Fällen die Natur sowohl die subjektiven Empfindungen widerspiegelt als auch von einer kosmischen Kraft durchdrungen ist, die jedoch bei „Werther" noch der religiösen Sphäre zugehörig ist. In beiden Fällen wirkt die Natur zudem überwältigend auf den Menschen, wobei das lyrische Ich sich jedoch durch seine Muse seine schöpferische Kraft bewahren kann, ja diese sogar erst durch die Liebe gewinnt, während die Natur auf den unglücklich verliebten Werther lähmend wirkt, sodass er in Passivität verharrt und zu keiner künstlerischen Schöpfung mehr fähig ist. Erst die Liebe und damit der Rückbezug auf einen anderen Menschen bzw. die Gesellschaft lassen das Naturerlebnis also zu einem gewinnbringenden und beglückenden Erlebnis werden, während der „Werther" gerade die Gefahren eines Isolationismus und eines Versinkens in der Natur aufzeigt. Diese Ergebnisse lassen sich in folgendem Tafelbild festhalten:

Naturerlebnis in Goethes „Maifest" und „Werther"

Werther, Brief vom 10. Mai	Maifest
• Rückzug in die Einsamkeit der Natur • Überwältigung durch die Naturerfahrung • Gefühl der Einheit mit Gott	• enormes Glücksgefühl durch Naturerfahrung • Gefühl der Einheit von Liebe, Natur und Seele • Rückbezug auf die Liebe zum Mädchen
↓	↓
Lähmung der schöpferischen Kraft	**künstlerische Kreativität**

1.5 Die großen Hymnen I: Rebellion und Auflehnung – Prometheus

Kurzinterpretation

Das Gedicht (**Arbeitsblatt 7**, S. 45) entstand zwischen dem Sommer 1773 und dem Herbst 1774 und gehört in den Umkreis des gleichzeitig entstandenen, aber Fragment gebliebenen, dreiaktigen Dramas. Die Bestimmung des Verhältnisses beider Dichtungen zueinander ist nicht unproblematisch. Die Mehrheit der Forschung geht von einer Entstehung nach dem Dramenfragment, also eher im Herbst 1774 aus, stellt sich dabei aber gegen Goethes eigene Aussage aus dem Jahre 1820, als er in einem Brief die Prometheus-Hymne als Eröffnung des dritten Aktes bezeichnete. Bis heute wird das Gedicht daher in Lehrbüchern oft mit dem Untertitel „Fragment" versehen, obwohl Goethes Aussage aufgrund der massiven Unterschiede in der Genealogie des „Prometheus" eher unwahrscheinlich zu sein scheint. Auch

passt die radikale Auflehnung des Gedichts nicht zur Charakterisierung des Prometheus im Drama, sodass man von einer selbstständigen Entstehung der Hymne ausgehen sollte.
Das Verfassen reimloser, in freier Rhythmik gehaltener Hymnen bzw. Oden war in der deutschen Literatur des 18. Jahrhunderts nicht ohne Vorbild. Ursprünglich auf das Vorbild des griechischen Dichters Pindar zurückgehend, war diese Form vor allem durch die Oden Klopstocks bekannt geworden, dessen Gedichte in pathetischer Form die Erhabenheit der Gottheit oder ethische Werte feiern, den Bereich der christlichen Frömmigkeit aber letztlich nie verlassen. Erst vor diesem Hintergrund wird die Radikalität des Bruchs deutlich, den Goethe mit der Tradition vollzieht. Zwar hält sich Goethe an die formale Konvention der Hymnendichtung, indem er freie Rhythmen ohne strenge Strophik verfasste, die man in einem produktiven Missverständnis für die Nachahmung der Hymnik Pindars hielt, dessen Regelhaftigkeit noch nicht erkannt worden war, doch brach er radikal mit der religiösen Tradition, da in seinen Hymnen vor allem der Genie-Gedanke und das individuelle Lebensgefühl des Künstlers thematisiert werden. Herausragendes Beispiel hierfür ist Goethes Umdeutung des Prometheus-Mythos, der in dem aus sieben unterschiedlich langen Strophen bestehenden Gedicht als Archetyp des rebellischen Menschen erscheint.
Die Überschrift kennzeichnet den Text als Rollengedicht und macht klar, dass Prometheus selbst der Sprecher des monologischen Gedichts ist. Formal hält sich Goethe in den ersten Strophen an die Konventionen der Hymne, indem die Gottheit direkt angesprochen wird, jedoch, und das ist der Unterschied, nicht um diese zu ehren, sondern um sie beinahe blasphemisch anzugreifen, indem der Sprecher Zeus im Befehlston, also als mindestens Gleichgestellter, anspricht. Zudem verleiht der Vergleich des göttlichen Tuns mit einem Kinderspiel (V. 3 ff.), dem der Besitzanspruch des Prometheus entgegengestellt wird, dem Ton etwas Verächtliches. Die zweite Strophe betont die Ohnmacht der Götter und die Torheit der Religion insgesamt und stellt sich damit in die Tradition radikaler Religionskritik der Aufklärung.
Die dritte Strophe, auch durch den Wechsel ins Präteritum deutlich von den ersten beiden abgegrenzt, wendet sich der Vergangenheit zu, die Prometheus als Rechtfertigung für seine Anklage dient, indem auf die Gleichgültigkeit des Gottes gegenüber dem Leid verwiesen wird, dem Prometheus in der Form rhetorischer Fragen Belege für seine eigenen Fähigkeiten gegenüberstellt, die im folgenden Abschnitt in der Formel des „heilig glühend Herz" (V. 34) zusammengefasst und auf ihren Ursprung zurückgeführt werden, wodurch deutlich wird, dass der göttliche Funke buchstäblich im Menschen selbst „glüht", wodurch einer Verehrung nach außen der Boden entzogen wird. In der Folge wird dies in Form weiterer rhetorischer Fragen ausgebaut, die jegliche Abhängigkeit der Menschen von den Göttern negieren und sie auf die gleiche Stufe stellen. Trotzig wird in einer abschließenden rhetorischen Frage jegliche Resignation verneint, auch wenn nicht alle „Knabenmorgen-Blütenträume" (Neologismus) gereift seien, wodurch eine grundsätzliche Bejahung des Lebens in seinen positiven und negativen Seiten deutlich wird.
Der erneute Wechsel ins Präsens in der letzten Strophe bildet eine weitere Zäsur. Die Selbstbehauptung des Sprechers wird noch weiter gesteigert durch die Beschreibung der Schöpfung von Menschen „nach meinem Bilde" (V. 53), eine an biblische Formulierungen aus der Genesis angelehnte Bezeichnung, die deutlich macht, dass auch die Fähigkeit zur Schöpfung auf den Menschen übergegangen ist, der dementsprechend, wie es zusammenfassend am Ende heißt, die Götter auch nicht mehr beachten muss.

Hinweise zum Einsatz im Unterricht

Das Gedicht eignet sich besonders gut, um mit einem betonten Vortrag einzusteigen, an den sich eine erste Phase der Sammlung von Eindrücken anschließt. Im Folgenden soll dann zunächst die Grundhaltung des Gedichts ermittelt werden. Aufgrund des Anspielungsreichtums und der allgemeinen Unvertrautheit mit antiker Mythologie stellt der Text heutige

Schülergenerationen oft vor größere Probleme. Es wird daher vorgeschlagen, einen ersten Zugang zum Gedicht über den Bau eines Standbildes zu schaffen.

- *Bauen Sie in Gruppen zu je drei Personen ein Standbild, das Ihnen die Stimmung und das Thema des Gedichts am besten widerzuspiegeln scheint.*

Sollte die Lerngruppe mit der Methode nicht oder nur unzureichend vertraut sein, kann auf ein entsprechendes Arbeitsblatt (**Zusatzmaterial 6**, S. 129) zurückgegriffen werden, das den Schülern entweder als Kopie zur Verfügung gestellt oder als Folie projiziert werden kann. Steht entsprechend Zeit zur Verfügung, so kann der Auftrag selbstverständlich dahingehend erweitert werden, entsprechende Requisiten mitzubringen, die den Protagonisten charakterisieren können. Ergeben sollte sich bei der Besprechung auf jeden Fall der dramatische Grundkonflikt und der anklagende Gestus. Ferner könnten einzelne Gruppen auch das Selbstbewusstsein des lyrischen Sprechers sowie dessen schöpferische Kraft sowie die strikte Trennung zwischen der Sphäre der Götter und der Menschen herausstellen. Nachdem auf diese Weise ein erstes Grundverständnis sichergestellt wurde, bietet es sich entgegen sonst üblicher Vorgehensweise bei diesem Text an, zunächst einmal das Verhältnis des Goethe'schen „Prometheus" zu seinem mythischen Vorbild zu klären. Dies kann entweder auf dem Wege eines einleitenden Referats erfolgen, zu dem man einem interessierten Schüler gegebenenfalls etwa ein Exemplar von Gustav Schwabs „Sagen des Klassischen Altertums" zur Verfügung stellen kann, deren Prometheus-Kapitel von diesem dann entweder zusammengefasst oder nach häuslicher Vorbereitung betont vorgetragen werden kann, um den Schülern zumindest einen kleinen Eindruck von der Vielfalt und Eigenart antiker Mythologie zu geben. Alternativ kann aber auch ein Auszug aus Robert von Ranke-Graves' „Griechische Mythologie" (**Arbeitsblatt 8**, S. 46f.) zum Einsatz kommen, der von den Schülern unter folgender Fragestellung bearbeitet werden kann:

- *Vergleichen Sie die Darstellung des Prometheus im Gedicht mit der des griechischen Mythos im Hinblick auf Abstammung/Verhältnis zu den Göttern/Beziehung zu den Menschen/Charakter/Taten. Tragen Sie Ihre Ergebnisse in die folgende Tabelle ein.*

Die Ergebnisse können anschließend in folgender Übersicht festgehalten werden:

Darstellung des Prometheus (Vergleich)

Vergleichskriterium	Goethe	griechischer Mythos
Abstammung	unklar, aber kein Titan, sondern offenbar Mensch	Titan
Verhältnis zu den Göttern	in der Jugend Verehrung, wegen der Vernachlässigung durch Zeus in der Gegenwart aber Auflehnung	wechselnd: zunächst Helfer und Vertrauter der Götter, dann Zeus gegenüber betrügerisch und aufsässig, aber weiterhin Vertrauter der Athene
Beziehung zu den Menschen	Schöpfer der Menschen	Schöpfer der Menschen, aber mithilfe Athenes Fürsprecher bei den Göttern
Taten	Kampf (?) gegen Titanen; geriet in Todesgefahr und Sklaverei (?); verlacht Götter wegen ihrer Abhängigkeit von Opfern; Herr über das Feuer, um das ihn die Götter beneiden	kämpft an der Seite von Zeus; Geburtshelfer Athenes; betrügt Götter beim Opfer; bringt Menschen das Feuer und wird dafür bestraft
Charakter	rebellisch, impulsiv	weise, klug, listenreich

Bereits eine oberflächliche Betrachtung enthüllt, dass Goethe recht frei mit dem Mythos umgegangen ist. Naturgemäß konnte das grausige Ende des Prometheus in dem Gedicht keine Berücksichtigung finden, doch sollte bei der Interpretation bedacht werden, dass jedem Rezipienten dieses vor Augen steht, was die Bewertung des Widerstands des Prometheus möglicherweise in einem anderen Licht erscheinen lässt. Geändert wurde die Abkunft des Prometheus, ohne dass sich hierfür eine plausible Erklärung abgeben ließe. Deutliche Unterschiede zeigen sich aber auch beim Verhältnis zu den Göttern: Zwar lehnt sich auch Prometheus gegen die Götter auf und versucht sie zu betrügen, doch tut er dies scheinbar unprovoziert und aus purem Übermut. Nie kommt er zudem auf die Idee, die Götter zu ignorieren, was bei deren ständiger auch physischer Präsenz auch schwer vorstellbar wäre. Ähnlichkeiten zeigen sich hingegen in Bezug auf die Schöpfung von Menschen, doch erschafft Prometheus bei Goethe die Menschen autark, ohne Hilfe der Göttin Athene, ist also selbst gottgleich geworden. Ein weiterer interessanter Unterschied ist die Herkunft des Feuers. Im griechischen Mythos bringt Prometheus den Menschen zwar das Feuer, aber er stiehlt es von den Göttern, während das Feuer bei Goethe dem Prometheus und den Menschen allein gehört. An diese Beobachtung kann im weiteren Unterrichtsgespräch angeknüpft werden.

- *Überlegen Sie, welche Gründe Goethe dazu veranlasst haben könnten, das Feuer als „Erfindung" des Prometheus darzustellen. Beziehen Sie hierbei auch eine mögliche metaphorische Bedeutung des Feuermotivs mit in Ihre Überlegungen ein.*

Ergeben sollte sich, dass das Feuer landläufig mit Wärme, Leidenschaft und Kraft in Verbindung gebracht wird, also alles Dinge, die den Göttern in dem Gedicht abgesprochen werden, die dem impulsiven lyrischen Sprecher aber sehr wichtig sind und um die sie die Götter mit Recht „beneiden" könnten. Weitere Assoziationen wie Revolution oder auch schöpferischer Funken könnten an dieser Stelle ebenfalls bereits erfolgen, erschließen sich Schülern jedoch erfahrungsgemäß erst bei der weiteren Arbeit an dem Gedicht, die nach den bisherigen Vorarbeiten auf textanalytische Weise erfolgen kann:

- *Gliedern Sie das Gedicht nach formalen und inhaltlichen Gesichtspunkten.*
- *Wie wird in dem Gedicht die Auflehnung sprachlich gestaltet?*
- *Wie stellt sich das lyrische Ich (Prometheus) in dem Gedicht selbst dar, wie werden die Götter dargestellt?*
- *Informieren Sie sich in einem Ihnen zugänglichen Nachschlagewerk über die Gattung der Hymne sowie über den Geniekult des Sturm und Drang und legen Sie dar, inwiefern diese Begriffe auf Prometheus angewandt werden können.*

Die Ergebnisse können anschließend in folgendem Tafelbild gesichert werden:

Johann Wolfgang Goethe: Prometheus

Gegenwart (Strophe 1–2)

Prometheus	*Zeus*
befiehlt	machtloser Befehlsempfänger (Vergleich mit einem Knaben)
betont sein Eigentum („mein")	Armut und Bedürftigkeit

↘ **Neid der Götter auf Menschen** ↙

⬇

Vergangenheit (Strophe 3–6)

war als Kind hilflos	erhörte den Flehenden nicht
Emanzipation durch eigene Fähigkeiten	ließ Hilfesuchenden im Stich

↘ **Aufkündigung der Verehrung** ↙

⬇

Gegenwart (Strophe 7)

➡ Schöpfung durch Menschen
Missachtung der Götter

Die verwendeten sprachlichen Mittel lassen sich im Unterrichtsgespräch leicht ergänzen und ggf. an der Tafel sichern. Zu nennen wären im Einzelnen:

Sprachliche Mittel

- Imperative (V. 1 ff.)
- Metaphern (Feuer, Herz etc.)
- antithetische Pronomenstruktur (ich – du, mein – dein, z. B. Str. 1)
- rhetorische Fragen
- Neologismen („*Knabenmorgenblütenträume*")
- Inversionen
- …

Im sich anschließenden Unterrichtsgespräch soll abschließend noch einmal das Gedicht als Ganzes unter dem Blickwinkel seiner Rezeption in den Blick genommen werden:

- *Goethe hat mit der Veröffentlichung dieses Gedichts lange gezögert. Erst 1785 erfolgte eine von ihm nicht autorisierte Veröffentlichung, die diesem sehr unangenehm war. Überlegen Sie, worin die Sprengkraft der Gestaltung dieses Themas bestanden haben könnte, die Goethe zögern ließ.*

Ergeben sollte sich, dass das Gedicht sowohl als Religionskritik als auch als radikale Absage an den Absolutismus verstanden werden kann. In beiden Fällen finden sich Reflexionen auf die zeitgenössische Diskussion. Auf die Anklänge an die Religionskritik ist bereits hingewiesen worden, als Anspielungen auf zeitgenössische Adels- oder sogar Fürstenkritik sind insbesondere der Vorwurf der Untätigkeit sowie der Hartherzigkeit zu verstehen. Diese offenkundigen Parallelen lassen unmittelbar einleuchten, warum dem Weimarer Minister eine Veröffentlichung nicht recht sein konnte. In späteren Jahren stemmte sich Goethe nicht mehr gegen eine weitere Verbreitung, legte jedoch ausdrücklich Wert darauf, dieses Gedicht nur zusammen mit „Ganymed" zu veröffentlichen, wohl auch, um die revolutionäre Aussage des „Prometheus" abzuschwächen.

1.6 Die großen Hymnen II: Entselbstung – Ganymed

Kurzinterpretation

Wie oben bereits erwähnt hat Goethe zeit seines Lebens die Prometheus-Hymne nur zusammen mit dem „Ganymed" (**Arbeitsblatt 9**, S. 48f.) veröffentlichen lassen. In der Forschung hat sich für die Beschreibung der Motive, die Goethe hierzu bewogen haben könnten, die auf Äußerungen des älteren Goethe zurückgehende Bezeichnung Systole und Diastole eingebürgert. Demgemäß entspräche der „Prometheus" der Diastole, der (symbolischen) Auswurfphase des Herzens, der Verselbstung des Individuums, das sich seiner Individualität und Schöpferkraft voll bewusst ist. Der „Ganymed" entspräche demgegenüber der Systole, der (symbolischen) Einzugsphase des Herzens, der Entselbstung des Menschen, der sich für etwas Höheres aufgibt und in ihm aufgeht. Erst beides zusammen macht nach Auffassung (des freilich fast 40 Jahre älteren Goethe) die Humanität aus.
Dass beide Texte komplementär zueinander sind, ist unbestreitbar. Dass sie gleichzeitig entstanden sind, ist gut geeignet, den Schülern den Rollencharakter dieser Lyrik vor Augen zu führen und davor zu warnen, die Aussagen der Gedichte unbesehen als die Spiegelungen der Ansichten des Autors zu verstehen. Das Gedicht ist ungleich sperriger als der „Prometheus", was aber weniger an der der antiken Mythologie entnommenen Thematik liegt, die in der Tat kaum eine Rolle spielt, da der Ganymed-Mythos allenfalls den Anlass bildet, als an der ekstatischen Sprache, die die des „Maifests" noch deutlich übertrifft.
Das in drei Abschnitte zu gliedernde, wie der „Prometheus" in freien Rhythmen verfasste Gedicht setzt ein mit einer Lobpreisung des Frühlings, in dem die Begegnung zwischen Mensch und Natur stattfindet, die sich gleich auf den ersten Blick als eine erotische, zugleich aber auch sakrale *(heilig, ewig)* offenbart. Das lyrische Ich ist hierbei Dreh- und Angelpunkt, auf das sich alles zubewegt und das erst am Ende, im ersten Doppelvers, selbst aktiv werden möchte, was aber auf der Ebene des Wunsches bleibt.
Der zweite Abschnitt konkretisiert die Beschreibung der Liebesbegegnung, und wieder bleibt das lyrische Ich passiv gegen die Liebesbekundungen einer drängenden Natur. Es entsteht der Eindruck totaler Harmonie zwischen Ich und Natur. Im zweiten Doppelvers des Gedichts

(V. 20f.) wird endlich das lyrische Ich aktiv, auch wenn die zweifelnde Frage deutlich macht, dass es noch einer Hilfe bedarf.

Der dritte und letzte Abschnitt verbildlicht die vollständige Erfüllung der Liebessehnsucht, die das lyrische Ich in der Natur nicht finden konnte. Hierzu ist eine Entkörperlichung notwendig, die durch die mehrfach wiederholte Richtungsangabe „hinauf" angedeutet wird. Die hier implizierte Himmelfahrt deutet einen Prozess der vollständigen Vereinigung von Menschlichem und Göttlichem an, und zwar durch das umfangend Umfangenwerden durch den göttlichen Vater (vgl. V. 29ff.).

Hinweise für den Einsatz im Unterricht

Der folgende Unterrichtsvorschlag geht davon aus, dass die Behandlung nach der Thematisierung des „Prometheus" und evtl. auch des „Maifest" erfolgt, also die Besonderheiten hymnischer Lyrik in Grundzügen bekannt sind.

Vor der Besprechung des Gedichts ist es empfehlenswert, mit einem Einstieg über das auf dem Arbeitsblatt befindliche Bild sowie den Auszug aus von Ranke-Graves' „Griechische Mythologie" im Unterrichtsgespräch die mythologischen Grundlagen zu klären, um den Schülern das Verständnis des Textes zu erleichtern. Anschließend kann das Gedicht dann von den Schülern gelesen oder vom Lehrer (oder einem entsprechend vorbereiteten Schüler) vorgetragen werden. Hierauf kann folgende Frage aufgeworfen werden:

- *In welcher Form wurde der Mythos von Goethe bzw. von Rubens umgesetzt?*

Ergeben sollte sich, dass Rubens den Moment der Entführung thematisiert und den pädophilen/homoerotischen Charakter betont. Goethe hingegen hat den Mythos im Sinne einer freiwilligen Vereinigung mit einer pantheistisch interpretierten Gottheit umgedeutet. Geblieben ist vom Mythos eigentlich nur noch das Motiv des Aufstiegs, der hier aber herbeigesehnt wird. Anschließend kann der Text dann interpretiert werden.

- *Beschreiben Sie das Naturerlebnis des lyrischen Ichs im ersten Teil des Gedichts (V. 1–10).*
- *Überprüfen Sie, inwieweit durch die Begegnung mit der Natur das Verlangen des lyrischen Ichs gestillt wird (V. 11–21).*
- *Versuchen Sie eine Deutung des Schlussteils (V. 12–31).*
- *Vergleichen Sie die Gottesvorstellung hier mit der in „Prometheus".*

Die Ergebnisse können anschließend in folgendem Tafelbild gesichert werden:

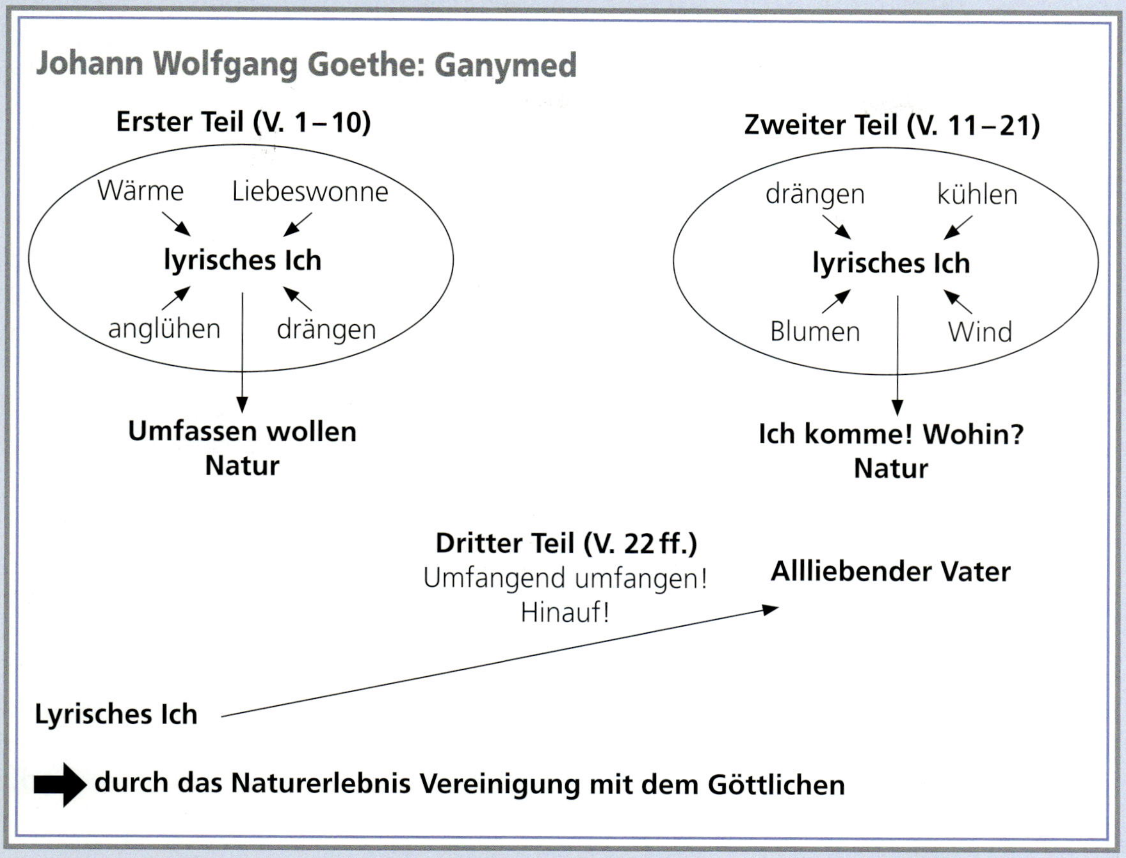

Abschließend bieten sich beide Gedichte zu einem betonten, evtl. sogar dramatisierten Vortrag an.

- *Bereiten Sie eines der Gedichte für einen interpretierenden Vortrag vor.*

1.7 Übergang zur Klassik – Auf dem See

Kurzinterpretation

Das hier thematisierte Gedicht (**Arbeitsblatt 10**, S. 49f.) ist aus literaturwissenschaftlicher Sicht von besonderem Interesse, da es nach übereinstimmender Meinung der Wissenschaft den Übergang von der Lyrik des Sturm und Drang zur Klassik beispielhaft festhält. Der Anlass des Gedichts ist rasch erzählt: Nach der Auflösung seiner Verlobung mit Lili Schönemann trat Goethe 1775 eine Reise in die Schweiz an, anlässlich derer dieses Gedicht während eines Aufenthalts am Züricher See entstanden ist. Für das vorliegende Unterrichtsmodell wurde die sprachlich glattere und kunstvollere Fassung aus dem Jahre 1789 ausgewählt.

Das in drei Strophen gegliederte Gedicht beschreibt die Wiedergeburt eines lyrischen Ichs durch Begegnung mit der Natur. Der Begriff „Wiedergeburt" drängt sich hierbei deshalb auf, weil die Bildsprache der ersten Strophe an einen Säugling erinnert: Das lyrische Ich saugt frische Nahrung und wird am Busen gehalten. Im zweiten Teil geht die Strophe dann zu einer Beschreibung der Kahnfahrt auf einem nicht genannten Gebirgssee über. Der Eindruck von der Gleichförmigkeit einer Kahnfahrt wird durch die regelmäßige Bauform der Strophe (acht kreuzgereimte, abwechselnd vier- und dreihebige jambische Verse mit durchgehend männlicher Kadenz) noch verstärkt.

Die zweite Strophe stellt inhaltlich eine Zäsur dar, da das lyrische Ich durch Erinnerungen jäh aus seiner Ruhe gerissen wird. „Goldne Träume" (V. 10) kehren zurück, die aber in den folgenden beiden Versen mit der Aussage, dass auch hier „Lieb' und Leben ist" (V. 12), verscheucht werden. Der kurzzeitigen seelischen Verstörung entspricht eine Veränderung der metrischen Form (Paarreim, vierhebiger Trochäus).
In der dritten Strophe ist erneut die Betrachtung der Natur dominierend. Das lyrische Ich tritt ganz hinter die beschriebene Natur zurück, deren Elemente aber exakt den Seelenzustand des lyrischen Ichs widerspiegeln, das genau jenen Reifungsprozess durchgemacht hat, der das Gedicht am Ende beschließt. Das Subjekt, das hier spricht, kann gleichzeitig die Intensität seiner Erfahrung aussprechen und sich der objektiven Welt anvertrauen, die nicht mehr unbegrenzte Erfüllung verheißt, sondern eine andere Form des Glücks.
Erneut spiegelt sich diese veränderte Weltsicht auch im Versmaß, das zwar zum Kreuzreim und den wechselnden Kadenzen zurückkehrt, doch als Versmaß den dreihebigen Trochäus unter gelegentlicher Einstreuung von Daktylen beibehält und so verdeutlicht, dass tatsächlich etwas Neues, Gereifteres entstanden ist.

Hinweise zum Einsatz im Unterricht

Bei kaum einem anderen Gedicht gibt es einen so engen Zusammenhang zwischen der inhaltlichen Aussage und der metrischen Gestaltung. Es wird daher vorgeschlagen, den ansonsten eher unbeliebten Weg einer Erschließung des Gedichts über die metrische Gestalt vorzunehmen. Die Schüler erhalten daher ein Arbeitsblatt, auf dem die Verse durcheinandergeraten sind, verbunden mit folgendem Arbeitsauftrag:

- *Bringen Sie die Verse in eine Ihnen sinnvoll erscheinende Reihenfolge. Orientieren Sie sich hierbei am Metrum sowie am Reimschema. Das Gedicht besteht aus drei unterschiedlich langen Strophen.*
- *Versuchen Sie anschließend, die von den einzelnen Strophen ausgehende Stimmung zu erfassen, und deuten Sie das Gedichtende.*
- *Versuchen Sie, eine Entsprechung zwischen den verwendeten Formen und dem jeweiligen Inhalt zu formulieren.*

Die Ergebnisse können anschließend in folgendem Tafelbild festgehalten werden:

Johann Wolfgang Goethe: Auf dem See

1. Strophe	2. Strophe	3. Strophe
• Erholung und Schöpfung neuer Kraft „am Busen der Natur" • Beschreibung einer ruhigen Kahnfahrt	• plötzliche Beunruhigung durch vergangene Träume • Verscheuchen des Traums und Rückbezug auf die Gegenwart	• Beschreibung eines Naturidylls • Spiegelung einer „reifenden Frucht" im See
↕	↕	↕
Unterstreichung der ruhigen Stimmung durch Metrum (drei-/vierhebiger Jambus, Kreuzreim, durchgängig männl. Kadenzen)	Wechsel der Stimmung führt zu Wechsel der Form (Paarreim, vierhebiger Trochäus)	„Vereinigung" beider Metren verweist auf Reifungsprozess des lyrischen Ichs

Die für das Verständnis der biografischen Entstehungsbedingungen notwendigen Informationen können anschließend leicht durch ein Referat zur Beziehung zu Lili Schönemann nachgeholt werden, das natürlich rechtzeitig mit einem Schüler vereinbart werden müsste. Falls gewünscht, können an diesem Gedicht anschließend auch die epochentypischen Merkmale nachgewiesen werden. Hierbei kann gegebenenfalls auch auf die entsprechenden Texte aus dem Zusatzmaterial (**Zusatzmaterialien 4 und 5**, S. 127 und 128) zurückgegriffen werden.

- *Vergleichen Sie das Gedicht mit dem Gedicht „Maifest" und listen Sie Unterschiede und Gemeinsamkeiten auf.*
- *„Auf dem See" gilt als Wendepunkt der Goethe'schen Lyrik zwischen Sturm und Drang und Klassik. Informieren Sie sich in einem Ihnen zugänglichen Nachschlagewerk oder Ihrem Deutschbuch über diese Epochen und weisen Sie inhaltliche und stilistische Merkmale beider Epochen an diesem Gedicht nach.*

Notizen

Die Nacht/An Luna

J. W. Goethe um 1765. Ölgemälde von A. J. Kern

Die Nacht (1768)

Gern verlass' ich diese Hütte,
Meiner Schönen Aufenthalt,
Und durchstreich mit leisem Tritte
Diesen ausgestorbnen Wald.
Luna[1] bricht die Nacht der Eichen,
Zephirs[2] melden ihren Lauf,
Und die Birken streun mit Neigen
Ihr den süßten Weihrauch auf.

Schauer, der das Herze fühlen,
Der die Seele schmelzen macht,
Wandelt im Gebüsch im Kühlen.
Welche schöne, süße Nacht!
Freude! Wollust[3]! Kaum zu fassen!
Und doch wollt' ich, Himmel, dir
Tausend deiner Nächte lassen,
Gäb' mein Mädchen eine mir.

An Luna[4] (1769)

Schwester von dem ersten Licht,
Bild der Zärtlichkeit in Trauer!
Nebel schwimmt mit Silberschauer
Um dein reizendes Gesicht;
Deines leisen Fußes Lauf
Weckt aus tagverschlossnen Höhlen
Traurig abgeschiedne Seelen,
Mich und nächt'ge Vögel auf.

Forschend übersieht dein Blick
Eine großgemessne Weite.
Hebe mich an deine Seite!
Gib der Schwärmerei dies Glück!
Und in wollustvoller Ruh'
Säh der weitverschlagne Ritter
Durch das gläserne Gegitter
Seines Mädchens Nächten zu.

Dämmrung, wo die Wollust thront,
Schwimmt um ihre runden Glieder.
Trunken sieht mein Blick hernieder –
Was verhüllt man wohl dem Mond!
Doch was das für Wünsche sind!
Voll Begierde zu genießen,
So da droben hängen müssen –
Ei, da schieltest du dich blind!

Hamburger Ausgabe. Band 1. Gedichte und Epen. Herausgegeben von Erich Trunz. München: 16. Auflage 1996, S. 18 und 20

---

[1] röm. Mondgöttin – [2] Poetische, auf die Antike zurückgehende Personifizierung des Westwinds – [3] Im Sprachgebrauch des 18. Jahrhunderts noch synonym mit Vergnügen, ohne die heutige Bedeutungsverengung auf den sexuellen Bereich – [4] Den Titel trägt das Gedicht, das zunächst *An den Mond* betitelt war, erst seit 1815, vermutlich um es von einem anderen Gedicht Goethes mit gleichem Titel abzugrenzen.

- *Halten Sie in einer Skizze/Zeichnung die Szenerie fest, wie sie die erste Strophe des Gedichts vor Ihren Augen erscheinen lässt.*
- *Unterziehen Sie das Gedicht „Die Nacht" einer gründlichen formalen und metrischen Analyse.*
- *Erstellen Sie eine Strukturskizze, die den Aufbau und die sprachliche Gestaltung verdeutlicht. Achten Sie hierbei besonders auf Signale, die auf eine Veränderung der von dem Gedicht ausgehenden Stimmung hindeuten.*
- *Untersuchen Sie das Gedicht „An Luna" auf seine Bilder bzw. sprachlichen Mittel und vergleichen Sie es mit dem Gedicht „Die Nacht".*
- *Welche Rollen nimmt das lyrische Ich in beiden Gedichten an und wo wechselt es die Rollen?*
- *Die Lyrik des jungen Goethe wird häufig in die Tradition der sogenannten Anakreontik gestellt. Informieren Sie sich in einem Ihnen zugänglichen Nachschlagewerk über diesen Begriff und diskutieren Sie die Berechtigung seiner Anwendung auf die beiden vorliegenden Gedichte.*

Anakreontik

Johann Heinrich Tischbein der Ältere: Sappho und Anakreon

Anakreon, Bacchus und Amor

Anakreontik, ein sich auf den griech. Dichter Anakreon beziehender Typus gesellig-scherzhafter Lyrik. Ausgangspunkt der europäischen Wirkung Anakreons bzw. der ihm später zugeschriebenen Texte war die Sammlung von etwa 60 griech. Liedern, die Henri Estienne (Henricus Stephanus) 1554 mit lat. Übersetzungen herausgegeben hatte *(Anakreonteen)*. Ihre Kennzeichen sind eine sinnenfrohe, diesseitige Lebenshaltung mit einem um Liebe, Wein, Geselligkeit kreisenden, eher stereotypen Motiv- und Bildrepertoire, stilistische Leichtigkeit und (reimlose) kurze Verse (jambischer Dimeter bzw. vierhebige → Jamben). Bei den Übertragungen in die Volkssprachen (frz. Übersetzung von Rémy Belleau 1556) wurde die reimlose anakreontische → Ode mit der Form des gereimten strophischen Liedes verbunden.
In Deutschland blieb die Wirkung der anakreontischen Lyrik zunächst auf die → neulat. Literatur beschränkt. Seit Martin Opitz wurden entsprechende Versuche in dt. Sprache unternommen, die mit ihrer Diesseitigkeit und Sinnenfreude einen Kontrapunkt zum Ernst der religiösen Vanitasdichtung bildeten. Doch erst im 18. Jh., zwischen 1740 und 1770, kam es zu einer breiten, den Charakter einer literarischen Strömung annehmenden Rezeption und Adaption der anakreontischen Lyrik in Deutschland, deren Nachwirkungen noch im Biedermeier zu spüren waren. Friedrich v. Hagedorn gab mit seiner *Sammlung Neuer Oden und Lieder* (1742 ff.) den Anstoß; es folgten u. a. Johann Wilhelm Ludwig Gleim, der seinen *Versuch in Scherzhaften Liedern* (1744–45) mit dem programmatischen Gedicht *Anakreon* einleitete, Johann Peter Uz und Johann Nikolaus Götz, die neben eigenen Versuchen wichtige Übersetzungen der *Anakreonteen* vorlegten (Götz/Uz, *Die Oden Anakreons in reimlosen Versen*, 1746; Götz, *Die Gedichte Anakreons und der Sappho Oden*, 1760). Zahlreiche bedeutende Dichter der 2. Hälfte des 18. Jh.s machten eine anakreontische Jugendphase durch (Lessing, Heinrich Wilhelm v. Gerstenberg, Christoph Martin Wieland, Goethe, Schiller usw.). Zentren der anakreontischen Lyrik waren Halle und Leipzig. Im pietistischen Halle hatten sich Gleim, Uz und Götz in ihrem Interesse an Anakreon gefunden und damit den Weg zur Überwindung der pietistischen Enge durch ein neues Lebensgefühl geebnet, das seinen Ausdruck in einer graziösen, spielerisch-epikuräischen Lyrik fand. Begleitet wurde sie von philosophischen Rechtfertigungen einer scherzhaften Kultur (z. B. Georg Friedrich Meier, *Gedancken von Schertzen*, 1744). → Rokoko.

Aus: Volker Meid: Sachwörterbuch der deutschen Literatur. Stuttgart: Reclam 2001, S. 26 f.

Es schlug mein Herz

Das folgende Gedicht entstand im Jahre 1771, als sich Goethe während seines Straßburger Studienaufenthaltes in die Sesenheimer Pfarrerstochter Friederike Brion verliebte. Die für sie geschriebenen Liebesgedichte gingen unter der Bezeichnung Sesenheimer Lieder in die Literaturgeschichte ein.

Angebliches Bildnis der Friederike Brion

Es schlug mein Herz (1771)

Es schlug mein Herz; geschwind zu Pferde!
Und fort, wild, wie ein Held zur Schlacht!
Der Abend wiegte schon die Erde,
Und an den Bergen hing die Nacht.
Schon stund im Nebelkleid die Eiche
Wie ein getürmter Riese da,
Wo Finsternis aus dem Gesträuche
Mit hundert schwarzen Augen sah.

Der Mond von einem Wolkenhügel
Sah schläfrig aus dem Duft hervor,
Die Winde schwangen leise Flügel,
Umsausten schauerlich mein Ohr.
Die Nacht schuf tausend Ungeheuer,
Doch tausendfacher war mein Mut,
Mein Geist war ein verzehrend Feuer,
Mein ganzes Herz zerfloss in Glut.

Ich sah dich, und die milde Freude
Floss aus dem süßen Blick auf mich.
Ganz war mein Herz an deiner Seite,
Und jeder Atemzug für dich.
Ein rosenfarbes Frühlingswetter
Lag auf dem lieblichen Gesicht
Und Zärtlichkeit für mich, ihr Götter,
Ich hofft' es, ich verdient' es nicht.

Der Abschied, wie bedrängt, wie trübe!
Aus deinen Blicken sprach dein Herz.
In deinen Küssen welche Liebe,
O welche Wonne, welcher Schmerz!
Du gingst, ich stund und sah zur Erden
Und sah dir nach mit nassem Blick.
Und doch, welch Glück, geliebt zu werden,
Und lieben, Götter, welch ein Glück!
(v 1775)

Hamburger Ausgabe. Band 1. Gedichte und Epen. Herausgegeben von Erich Trunz. München: 16. Auflage 1996, S. 27

- *Gliedern Sie das Gedicht unter inhaltlichen Gesichtspunkten und untersuchen Sie, ob und inwiefern diese auch sprachlich ihren Niederschlag in dem Gedicht finden. Benennen Sie hierzu auch die verwendeten Stilmittel.*
- *Charakterisieren Sie hiervon ausgehend das Verhältnis des lyrischen Ichs zur Natur.*
- *Wie wird das Verhältnis der Liebenden dargestellt?*
- *Die Sesenheimer Gedichte Goethes, zu denen dieses gehört, werden oft mit dem Begriff „Erlebnislyrik" versehen. Erörtern Sie die Berechtigung dieser Bezeichnung unter besonderer Berücksichtigung folgender Passage aus Goethes autobiografischem Werk „Dichtung und Wahrheit":*

„Ich glaubte eine Stimme vom Himmel zu hören und eilte, was ich konnte, ein Pferd zu bestellen und mich sauber herauszuputzen. Ich schickte nach Weyland, er war nicht zu finden. Dies hielt meinen Entschluss nicht auf, aber leider verzogen sich die Anstalten, und ich kam nicht so früh weg, als ich gehofft hatte. So stark ich auch ritt, überfiel mich doch die Nacht. Der Weg war nicht zu verfehlen, und der Mond beleuchtete mein leidenschaftliches Unternehmen. Die Nacht war windig und schauerlich, ich sprengte zu, um nicht bis morgen früh auf ihren Anblick warten zu müssen. Es war schon spät, als ich in Sesenheim mein Pferd einstellte."

Willkomm' und Abschied

Willkomm' und Abschied (1789)

Es schlug mein Herz, geschwind zu Pferde!
Es war getan fast eh gedacht;
Der Abend wiegte schon die Erde,
Und an den Bergen hing die Nacht:
Schon stand im Nebelkleid die Eiche
Ein aufgetürmter Riese, da,
Wo Finsternis aus dem Gesträuche
Mit hundert schwarzen Augen sah.

Der Mond von einem Wolkenhügel
Sah kläglich aus dem Duft hervor,
Die Winde schwangen leise Flügel,
Umsausten schauerlich mein Ohr;
Die Nacht schuf tausend Ungeheuer,
Doch frisch und fröhlich war mein Mut:
In meinen Adern welches Feuer!
In meinem Herzen welche Glut!

Dich sah ich, und die milde Freude
Floss von dem süßen Blick auf mich;
Ganz war mein Herz an deiner Seite
Und jeder Atemzug für dich.
Ein rosenfarbnes Frühlingswetter
Umgab das liebliche Gesicht,
Und Zärtlichkeit für mich – ihr Götter!
Ich hofft' es, ich verdient' es nicht!

Doch ach, schon mit der Morgensonne
Verengt der Abschied mir das Herz:
In deinen Küssen, welche Wonne!
In deinem Auge, welcher Schmerz!
Ich ging, du standst und sahst zur Erden,
Und sahst mir nach mit nassem Blick:
Und doch, welch Glück, geliebt zu werden!
Und lieben, Götter, welch ein Glück!

Hamburger Ausgabe. Band 1. Gedichte und Epen. Herausgegeben von Erich Trunz. München: 16. Auflage 1996, S. 28

Der alte Pfarrhof zu Sesenheim. Rötelzeichnung von J.W. Goethe, 1770

- *Für die Veröffentlichung in einer ersten Ausgabe seiner Werke hat Goethe das Gedicht „Es schlug mein Herz" einer Überarbeitung unterzogen. Vergleichen Sie die beiden Fassungen miteinander und versuchen Sie, die möglichen Gründe für die Veränderungen zu ermitteln.*
- *Verfassen Sie einen Brief Friederike Brions an Goethe, in dem Sie über Ihre Beziehung und Ihre literarische Umsetzung durch Goethe reflektieren.*

Maifest

Ansicht der Umgebung von Straßburg. Radierung von J. D. Heimlich, um 1770

Maifest (verrätselt)

Wie herrlich __________
Mir die Natur!
Wie __________ die Sonne!
Wie __________ die Flur!

Es dringen __________
Aus jedem Zweig
Und __________ Stimmen
Aus dem Gesträuch

Und Freud und __________
Aus jeder Brust.
O Erd', o Sonne,
O Glück, o Lust,

O Lieb', o Liebe,
So __________ schön
Wie Morgenwolken
Auf jenen Höhn,

Du __________ herrlich
Das frische Feld –
Im __________
Die __________ Welt!

O Mädchen, Mädchen,
Wie lieb' ich dich!
Wie __________ dein Auge,
Wie liebst du mich!

So __________ die Lerche
Gesang und __________,
Und Morgenblumen
Den __________,

Wie ich dich liebe
Mit __________ Blut,
Die du mir __________
Und Freud und Mut

Zu neuen __________
Und Tänzen gibst.
Sei ewig __________,
Wie du mich liebst.

- *Ergänzen Sie die Lücken durch Ihnen sinnvoll erscheinende Begriffe.*
- *Lesen Sie die vollständige Fassung und vergleichen Sie diese mit Ihren Entwürfen.*
- *Welche Bedeutung hat die Natur für das lyrische Ich?*
- *In welchem Verhältnis stehen Liebe, Natur und Menschen zueinander?*
- *Welche Konsequenzen ergeben sich aus der Liebe für das lyrische Ich?*

Maifest (1771)

Wie herrlich leuchtet
Mir die Natur!
Wie glänzt die Sonne!
Wie lacht die Flur!

Es dringen Blüten
Aus jedem Zweig
Und tausend Stimmen
Aus dem Gesträuch

Und Freud und Wonne
Aus jeder Brust.
O Erd', o Sonne,
O Glück, o Lust,

O Lieb', o Liebe,
So golden schön
Wie Morgenwolken
Auf jenen Höhn,

Du segnest herrlich
Das frische Feld –
Im Blütendampfe
Die volle Welt!

O Mädchen, Mädchen,
Wie lieb' ich dich!
Wie blinkt dein Auge,
Wie liebst du mich!

So liebt die Lerche
Gesang und Luft,
Und Morgenblumen
Den Himmelsduft,

Wie ich dich liebe
Mit warmen Blut,
Die du mir Jugend
Und Freud' und Mut

Zu neuen Liedern
Und Tänzen gibst.
Sei ewig glücklich,
Wie du mich liebst.
(v 1775)

Hamburger Ausgabe. Band 1. Gedichte und Epen.
Herausgegeben von Erich Trunz. München: 16. Auflage 1996, S. 30

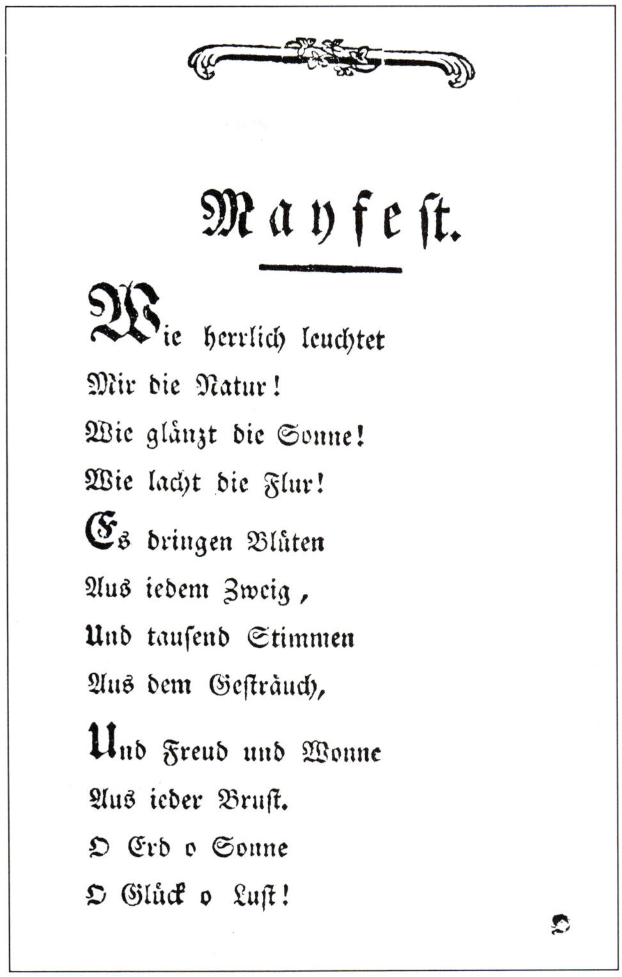

Mayfest.

Wie herrlich leuchtet
Mir die Natur!
Wie glänzt die Sonne!
Wie lacht die Flur!
Es dringen Blüten
Aus iedem Zweig,
Und tausend Stimmen
Aus dem Gesträuch,
Und Freud und Wonne
Aus ieder Brust.
O Erd o Sonne
O Glück o Lust!

O

Erstdruck von Goethes „Maifest" in der Zeitschrift Iris, 1775

Die Leiden des jungen Werthers (Auszug)

In Goethes 1774 erschienenem Briefroman *Die Leiden des jungen Werthers* werden die hoffnungslose Liebe der Titelfigur zu Lotte sowie der Bruch mit den Konventionen der Gesellschaft thematisiert, die schließlich im Selbstmord des Protagonisten enden. Der Roman löste ein regelrechtes „Wertherfieber" aus und machte Goethe mit einem Schlag berühmt.

Brief vom 10. Mai

Eine wunderbare Heiterkeit hat meine ganze Seele eingenommen, gleich den süßen Frühlingsmorgen, die ich mit ganzem Herzen genieße. Ich bin allein und freue mich meines Lebens in dieser Gegend, die für solche Seelen geschaffen ist wie die meine. Ich bin so glücklich, mein Bester, so ganz in dem Gefühle von ruhigem Dasein versunken, dass meine Kunst darunter leidet. Ich könnte jetzt nicht zeichnen, nicht einen Strich, und bin nie ein größerer Maler gewesen als in diesen Augenblicken. Wenn das liebe Tal um mich dampft, und die hohe Sonne an der Oberfläche der undurchdringlichen Finsternis meines Waldes ruht, und nur einzelne Strahlen sich in das innere Heiligtum stehlen, ich dann im hohen Grase am fallenden Bache liege, und näher an der Erde tausend mannigfaltige Gräschen mir merkwürdig werden; wenn ich das Wimmeln der kleinen Welt zwischen Halmen, die unzähligen, unergründlichen Gestalten der Würmchen, der Mückchen näher an meinem Herzen fühle, und fühle die Gegenwart des Allmächtigen, der uns nach seinem Bilde schuf, das Wehen des Allliebenden, der uns in ewiger Wonne schwebend trägt und erhält; mein Freund! Wenn's dann um meine Augen dämmert, und die Welt um mich her und der Himmel ganz in meiner Seele ruhn wie die Gestalt einer Geliebten – dann sehne ich mich oft und denke: Ach könntest du das wieder ausdrücken, könntest du dem Papiere das einhauchen, was so voll, so warm in dir lebt, dass es würde der Spiegel deiner Seele, wie deine Seele ist der Spiegel des unendlichen Gottes! – Mein Freund – Aber ich gehe darüber zugrunde, ich erliege unter der Gewalt der Herrlichkeit dieser Erscheinungen.

Aus: Die Leiden des jungen Werthers. Hamburger Ausgabe. Band 6. Romane und Novellen 1. Herausgegeben von Erich Trunz. München. 14. Auflage 1996, S. 9

- *Verschaffen Sie sich einen Überblick über die Entstehung und den Inhalt des Romans „Die Leiden des jungen Werthers" von Johann W. Goethe.*
- *Vergleichen Sie die Naturdarstellung des angegebenen Textauszuges mit der in dem Gedicht „Maifest".*

Prometheus

Prometheus (1773)

Bedecke deinen Himmel, Zeus,
Mit Wolkendunst!
Und übe, Knaben gleich,
Der Disteln köpft,
An Eichen dich und Bergeshöhn!
Musst mir meine Erde
Doch lassen stehn,
Und meine Hütte,
Die du nicht gebaut,
Und meinen Herd,
Um dessen Glut
Du mich beneidest.

Ich kenne nichts Ärmeres
Unter der Sonn' als euch Götter!
Ihr nähret kümmerlich
Von Opfersteuern
Und Gebetshauch
Eure Majestät
Und darbtet, wären
Nicht Kinder und Bettler
Hoffnungsvolle Toren.

Da ich ein Kind war,
Nicht wusste, wo aus, wo ein,
Kehrte mein verirrtes Aug'
Zur Sonne, als wenn drüber wär
Ein Ohr, zu hören meine Klage,
Ein Herz wie meins,
Sich des Bedrängten zu erbarmen.

Wer half mir wider
der Titanen Übermut?
Wer rettete vom Tode mich,
Von Sklaverei?
Hast du's nicht alles selbst vollendet,
Heilig glühend Herz?
Und glühtest, jung und gut,
Betrogen, Rettungsdank
Dem Schlafenden dadroben?

Ich dich ehren? Wofür?
Hast du die Schmerzen gelindert
Je des Beladenen?
Hast du die Tränen gestillet
Je des Geängsteten?
Hat nicht mich zum Manne geschmiedet
Die allmächtige Zeit
Und das ewige Schicksal,
Meine Herren und deine?

Wähntest du etwa,
Ich sollte das Leben hassen,
In Wüsten fliehn,
Weil nicht alle Knabenmorgen-
Blütenträume reiften?

Hier sitz' ich, forme Menschen
Nach meinem Bilde,
Ein Geschlecht, das mir gleich sei,
Zu leiden, weinen,
Genießen und zu freuen sich,
Und dein nicht zu achten,
Wie ich!

(v 1777)

Hamburger Ausgabe. Band 1. Gedichte und Epen.
Herausgegeben von Erich Trunz. München: 16. Auflage 1996, S. 44 ff.

Johann Heinrich Füssli: Der gefesselte Prometheus (1770/71)

- *Bauen Sie in Gruppen zu je drei Personen ein Standbild, das Ihnen die Stimmung und das Thema des Gedichts am besten widerzuspiegeln scheint.*
- *Gliedern Sie das Gedicht nach formalen und inhaltlichen Gesichtspunkten.*
- *Wie wird in dem Gedicht die Auflehnung sprachlich gestaltet?*
- *Wie stellt sich das lyrische Ich in dem Gedicht selbst dar, wie werden die Götter dargestellt?*
- *Informieren Sie sich über die Gattung der Hymne sowie über den Geniekult des Sturm und Drang und legen Sie dar, inwiefern diese Begriffe auf „Prometheus" angewandt werden können.*

Robert von Ranke-Graves: Prometheus

Robert von Ranke-Graves

Der englische Schriftsteller und Literaturwissenschaftler Robert von Ranke-Graves, ein Enkel des deutschen Historikers Leopold von Ranke, veröffentlichte 1955 eine Sammlung griechischer Mythen, in der er sich bemühte, diese aus allen bekannten, oft verstreuten und einander sogar widersprechenden Quellen zu bündeln und zu kommentieren. Zum Mythos von Prometheus führt er folgende aus der Antike überlieferten Geschichten an.

a. Prometheus hat den Menschen erschaffen. Manche zählen ihn zu den sieben Titanen. Er war entweder der Sohn des Titanen Eurymedon oder der Sohn des Iapetos und der Nymphe Klymene. Seine Brüder hießen Epimetheus, Atlas und Menoitios.

b. Der gigantische Atlas, der älteste der Brüder, kannte alle Tiefen des Meeres. Er herrschte über das Königreich Atlantis mit seinen wild zerklüfteten Küsten, das größer war als Afrika und Asien zusammen. Atlantis lag jenseits der Säulen des Herakles. Eine Kette fruchtbarer Inseln trennte es von einem noch ferner liegenden Erdteil. Seine Untertanen rodeten und bebauten weite Ebenen. Wasser bezogen sie aus den Hügeln, die, mit Ausnahme einer Öffnung zum Meere, das ganze Land umgaben. Sie bauten Paläste, Bäder, Rennplätze, große Häfen und Tempel. Kriege führten sie nicht nur mit den Völkern im Westen, sondern auch mit den Völkern im Osten, bis nach Ägypten und Italien. Die Ägypter sagen, dass Atlas ein Sohn Poseidons war, der sich rühmte, Vater von fünf männlichen Zwillingspaaren zu sein. Diese sollen bei dem Blute eines Opferstieres sich gegenseitigen Beistand gelobt haben. Anfangs waren sie sehr tugendhaft und trugen die Last ihres großen Reichtums an Gold und Silber mit Würde. Aber eines Tages überkam sie Gier und Grausamkeit. Mit der Erlaubnis des Zeus wurden sie von den Athenern besiegt und ihrer Macht beraubt. Zur gleichen Zeit sandten die Götter ein Unwetter, das an einem Tag und in einer Nacht ganz Atlantis überschwemmte. Die Häfen und Tempel wurden unter einer ungeheuren Schlammflut begraben, und das Meer wurde unbeschiffbar.

c. Atlas und Menoitios entkamen. Sie schlossen sich Kronos und den übrigen Titanen in einem erfolglosen Krieg gegen die olympischen Götter an. Zeus tötete Menoitios mit einem Blitz und schickte ihn hinunter in den Tartaros. Atlas verschonte er, doch verdammte er ihn, für alle Ewigkeit den Himmel auf seinen Schultern zu tragen.

d. Atlas war der Vater der Pleiaden, der Hyaden und der Hesperiden. Seine Himmelslast nahm ihm nur einmal Herakles für kurze Zeit ab. Manche behaupten, Perseus habe Atlas, indem er ihm das Haupt der Gorgo zeigte, in den Berg Atlas versteinert. Aber sie vergessen, dass Perseus angeblich ein entfernter Vorfahr des Herakles gewesen sein soll.

e. Prometheus war klüger als Atlas und sah den Ausgang der Erhebung des Zeus gegen Kronos voraus. Er zog es daher vor, an der Seite des Zeus zu kämpfen, und überredete Epimetheus, das Gleiche zu tun. In der Tat war er der Weiseste seines Stammes. Bei der Geburt Athenes aus dem Haupte des Zeus hatte er Geburtshelfer gespielt. Zum Dank dafür lehrte die Göttin ihn Architektur, Astronomie, Mathematik, Navigation, Medizin, Metallurgie und andere nützliche Künste, ein Wissen, das er später der Menschheit vermachte. Als Zeus einmal bereit war, das Menschengeschlecht auszurotten – er war auf die wachsende Macht und die Fähigkeiten der Sterblichen eifersüchtig geworden –, schonte er sie nur auf die flehende Bitte des Prometheus hin.

f. Eines Tages brach in Sikyon ein Streit darüber aus, welcher Teil des Stiers den Göttern geopfert und welcher Teil selber gegessen werden sollte. Prometheus wurde aufgefordert, die Rolle des Schiedsrichters zu übernehmen. Er zog dem Stier die Haut ab und zerlegte ihn. Aus der Haut nähte er zwei Säcke und stopfte den zerlegten Stier hinein. Der eine Sack enthielt alles Fleisch, doch versteckt im Magen, der ja der am wenigsten verlockende Teil des Tieres ist. Im anderen Sack waren die Knochen, versteckt unter einer reichen Schicht von Fett. Er bot Zeus die Wahl an, der den Sack mit den Knochen und dem Fett (welches seither der Anteil der Götter ist) wählte. Zeus strafte Prometheus, der hinter seinem Rücken lachte, indem er den Menschen das Feuer vorenthielt. „Lass sie ihr Fleisch roh essen!", rief er voll Zorn.

g. Prometheus wandte sich an Athene und bat sie um Einlass zum Olymp durch eine rückwärtige Türe. Sie erfüllte seinen Wunsch. Am feurigen Wagen der Sonne entzündete er eine Fackel, brach ein Stück glühender Holzkohle ab und warf es in die Markhöhle des Stengels eines Riesenfenchels, löschte seine Fackel und stahl sich unentdeckt fort. So wurde der Menschheit das Feuer geschenkt.

h. Zeus schwor Rache. Er befahl Hephaistos, eine Frau aus Ton zu formen; die vier Winde wies er an, Leben in diese Form zu blasen. Alle Göttinnen des Olymps mussten sie schmücken. Diese Frau, Pandora, war die schönste, die je geschaffen wurde. Zeus schickte sie in Begleitung des Hermes als Geschenk zu Epimetheus. Aber Epimetheus war von seinem Bruder davor gewarnt worden, Geschenke von Zeus anzunehmen. Er entschuldigte sich voller Ehrfurcht und lehnte die Gabe ab. Wütender denn je, kettete Zeus Prometheus nackt an eine Säule in den kaukasischen Bergen. Jeden Tag, jahrein, jahraus, fraß ein gieriger Geier von seiner Leber. Der Schmerz war grenzenlos, denn jede Nacht, wenn Prometheus grausamer Kälte ausgesetzt war, wuchs seine Leber und wurde wieder ganz.

Aus: Robert von Ranke-Graves: „Griechische Mythologie. Quellen und Deutung". Deutsche Übersetzung von Hugo Seinfeld und Boris von Borresholm. S. 127f.

■ *Vergleichen Sie die Darstellung des Prometheus im Gedicht mit der des griechischen Mythos im Hinblick auf Abstammung/Verhältnis zu den Göttern/Beziehung zu den Menschen/Charakter/Taten. Tragen Sie Ihre Ergebnisse in die folgende Tabelle ein:*

	Goethe	**Griechischer Mythos**
Abstammung		
Verhältnis zu den Göttern		
Beziehung zu den Menschen		
Taten		
Charakter		

Ganymed

Ganymed (1774)

Wie im Morgenglanze
Du rings mich anglühst,
Frühling, Geliebter!
Mit tausendfacher Liebeswonne
Sich an mein Herz drängt
Deiner ewigen Wärme
Heilig Gefühl,
Unendliche Schöne!

Dass ich dich fassen möcht'
In diesen Arm!

Ach, an deinem Busen
Lieg' ich, schmachte,
Und deine Blumen, dein Gras
Drängen sich an mein Herz.
Du kühlst den brennenden
Durst meines Busens,
Lieblicher Morgenwind,
Ruft drein die Nachtigall
liebend nach mir aus dem Nebeltal.

Ich komm'! Ich komme!
Wohin? Ach, wohin?

Hinauf, hinauf strebt's.
Es schweben die Wolken
Abwärts, die Wolken
Neigen sich der sehnenden Liebe.
Mir, mir!
In euerm Schoße
Aufwärts!
Umfangend umfangen!
Aufwärts an deinen Busen,
Alliebender Vater!

(v 1777)

Hamburger Ausgabe. Band 1. Gedichte und Epen. Herausgegeben von Erich Trunz. München: 16. Auflage 1996, S. 46f.

Peter Paul Rubens: Ganymed (1611/12)

Der Ganymed-Mythos

Ganymedes, Sohn des Königs Tros, der Troia seinen Namen gab, war der schönste aller Jünglinge. Er wurde daher von den Göttern erwählt, der Mundschenk des Zeus zu sein. Es wird berichtet, dass Zeus, der in lüsterner Begierde nach Ganymedes entbrannt war, sich in Adlerfedern kleidete und ihn von der troischen Ebene forttrug.

b. Auf Befehl des Zeus schenkte Hermes dem Tros als Trost für den Verlust des Ganymedes einen goldenen Weinstock – eine Arbeit des Hephaistos – und zwei wertvolle Pferde. Gleichzeitig versicherte er ihm, dass Ganymedes unsterblich geworden sei, verschont von den Leiden des hohen Alters, und dass er dem Vater des Himmels hellen Nektar aus einer goldenen Schale darböte.

c. Manche sagen, Eos habe als erste Ganymedes entführt, um seine Geliebte zu werden; Zeus soll ihn ihr genommen haben. Wie dem auch sei, Hera nahm diese Beleidigung übel, denn bis dahin war ihre Tochter Hebe Mundschenk der Götter gewesen. Zeus setzte das Bild des Ganymedes als das Sternbild des Aquarius, des Wasserträgers, unter die Sterne.

Aus: Robert von Ranke-Graves: „Griechische Mythologie. Quellen und Deutung". Übersetzung von Hugo Seinfeld und Boris von Borresholm. S. 101 f.

- *In welcher Form wurde der Mythos von Goethe bzw. von Rubens umgesetzt?*
- *Beschreiben Sie das Naturerlebnis des lyrischen Ichs im ersten Teil des Gedichts (V. 1–10).*
- *Überprüfen Sie, inwieweit durch die Begegnung mit der Natur das Verlangen des lyrischen Ichs gestillt wird (V. 11–21).*
- *Versuchen Sie eine Deutung des Schlussteils (V. 12–31).*
- *Vergleichen Sie die Gottesvorstellung hier mit der in „Prometheus".*

Auf dem See

Auf dem See (verrätselt)

Aug', mein Aug', was sinkst du nieder?
Weg, du Traum, so gold du bist;
Und frische Nahrung, neues Blut
Die mich am Busen hält!
Und im See bespiegelt
Rings die türmende Ferne;
Goldne Träume, kommt ihr wieder?
Saug' ich aus freier Welt;
Auf der Welle blinken
Wie ist Natur so hold und gut,
Und Berge, wolkig, himmelan,
Weiche Nebel trinken
Hier auch Lieb' und Leben ist.
Morgenwind umflügelt
Sich die reifende Frucht.
Tausend schwebende Sterne,
Die Welle wieget unsern Kahn
Im Rudertakt hinauf,
Die mich am Busen hält!
Begegnen unserm Lauf.

Ansicht der Tell-Kapelle am Vierwaldstätter See. Kolorierte Aquatinta von C. M. Descourtis nach F. Rosenberg, 1782

- *Bringen Sie die Verse in eine Ihnen sinnvoll erscheinende Reihenfolge. Orientieren Sie sich hierbei am Metrum sowie am Reimschema. Das Gedicht besteht aus drei unterschiedlich langen Strophen.*
- *Versuchen Sie anschließend, die von den einzelnen Strophen ausgehende Stimmung zu erfassen und deuten Sie das Gedichtende.*
- *Versuchen Sie, eine Entsprechung zwischen den verwendeten Formen und dem jeweiligen Inhalt zu formulieren.*
- *Vergleichen Sie das Gedicht mit dem Gedicht „Maifest" und listen Sie Unterschiede und Gemeinsamkeiten auf.*
- *„Auf dem See" gilt als Wendepunkt der Goethe'schen Lyrik zwischen Sturm und Drang und Klassik. Informieren Sie sich in einem Ihnen zugänglichen Nachschlagewerk oder Ihrem Deutschbuch über diese Epochen und weisen Sie inhaltliche und stilistische Merkmale beider Epochen an diesem Gedicht nach.*

Auf dem See (1775)

Und frische Nahrung, neues Blut
Saug' ich aus freier Welt;
Wie ist Natur so hold und gut,
Die mich am Busen hält!
Die Welle wieget unsern Kahn
Im Rudertakt hinauf,
Und Berge, wolkig, himmelan,
Begegnen unserm Lauf.

Aug', mein Aug', was sinkst du nieder?
Goldne Träume, kommt ihr wieder?
Weg, du Traum, so gold du bist;
Hier auch Lieb' und Leben ist.

Auf der Welle blinken
Tausend schwebende Sterne,
Weiche Nebel trinken
Rings die türmende Ferne;
Morgenwind umflügelt
Die beschattete Bucht,
Und im See bespiegelt
Sich die reifende Frucht.

(v 1789)

Hamburger Ausgabe. Band 1. Gedichte und Epen.
Herausgegeben von Erich Trunz.
München: 16. Auflage 1996, S. 102f.

Baustein 2

Das erste Weimarer Jahrzehnt (1776–1785)

2.1 Biografische Einführung

Am 7. November 1775 traf Goethe in dem kleinen Fürstentum Weimar ein. Weimar selbst war eine Kleinstadt mit kaum 6000 Einwohnern und das Fürstentum weit davon entfernt, jener Musenhof zu sein, zu dem es später oft stilisiert wurde. Eine komplizierte Gemengelage aus Erbteilungen, denen erst 1712 durch die Einführung der Primogenitur Einhalt geboten worden war, und Wiederzusammenführungen durch Aussterben einiger Familienlinien hatten dazu geführt, dass das kleine Fürstentum Sachsen-Weimar-Eisenach über kein zusammenhängendes Staatsgebiet verfügte und in ihm zugleich auch noch unterschiedliche Rechtsvorschriften galten, die zudem teilweise nicht einmal schriftlich kodifiziert waren. Geprägt war die Geschichte der jüngeren Zeit vor allem durch die 17 Jahre anhaltende Regentschaft der Herzogin Anna Amalia, die nach dem frühen Tod ihres Mannes umsichtig die Regierung für ihren unmündigen Sohn übernommen und sich zudem um die Förderung von Kunst und Kultur in ihrem Land verdient gemacht hatte. Im September 1775 war Karl August volljährig geworden und hatte somit die Regierung übernommen. Eine seiner ersten Amtshandlungen war die Einladung an Goethe gewesen, was die Frage aufwirft, welche Motive die beiden ungleichen Partner jeweils hatten. Im Fürstentum waren die Einladung an Goethe und die wenige Monate später erfolgte Ernennung Goethes zum Minister auf nicht geringe Verwunderung, ja sogar Kritik gestoßen, da Goethe über keinerlei Erfahrungen im Verwaltungs- und Regierungsgeschäft verfügte. Man wird davon ausgehen müssen, dass bei dieser Berufung zunächst einmal Sympathie und Bewunderung für den berühmten Goethe eine entscheidende Rolle gespielt haben dürften.

Schwerer noch sind Goethes Motive nachzuvollziehen, sich in den Dienst eines absolutistischen Herrschers zu stellen, zumal sie dem rebellischen Grundton seiner Dichtungen, die sich zum Teil auch als Absolutismuskritik verstehen lassen („Götz von Berlichingen", „Prometheus"), diametral zu widersprechen scheinen. Hier dürfte zum einen das Unbehagen an seiner Frankfurter Situation eine Rolle gespielt haben, das ihn nach dem sich hier bietenden Strohhalm greifen ließ, der eine feste Stellung und damit auch Sicherheit bot. Zum anderen aber finden sich beispielsweise auch im „Werther" Aussagen, die belegen, dass Goethes Kritik an den Zuständen weniger fundamental war, als es zunächst den Anschein haben könnte: Kritisiert wird nämlich nicht das Bestehen der Ständegesellschaft an sich, die vielmehr für unverzichtbar gehalten wird, sondern nur die Ausprägung in einem schlechten Regiment. Zudem schätzte wohl auch der junge Goethe schon die eigene Freiheit bzw. die seines Standes höher ein als die des gemeinen Volkes, das für einen verantwortungsbewussten Umgang mit Freiheit als untauglich erachtet wurde und für das eine patriarchalische Lenkung durch eben jenes gute Regiment die bessere Lösung zu sein schien. Gerade hier schien sich aber mit der Einflussnahme auf einen absolutistischen Souverän eine Gelegenheit zu bieten, durch Erziehung sowohl eines Regenten als auch seines Volkes für eine allmähliche evolutionäre Verbesserung der Lage zu sorgen und somit die eigenen Ideen in die Praxis umzusetzen.

Ob Goethe diese hochfliegend erscheinenden Pläne schon beim Betreten Weimars hatte, muss offenbleiben, doch lässt sein Auftreten in den ersten Monaten anderes vermuten, denn diese ersten Monate wirkten auf die Umgebung schockierend und führten auch zu sorgenvollen Kommentaren aus dem übrigen Deutschland: Der gerade aus der Vormundschaft entlassene Herrscher und sein neuer Schützling verhielten sich durchaus nicht so wie erwartet, sondern sie pflegten vielmehr einen Lebensstil, der von Germanisten wie Karl Otto Conrady pietätvoll mit „genialisch" umschrieben wird: Man trieb alle Arten von Unfug, trank und feierte unmäßig und stellte in den umliegenden Dörfern gern den Mädchen nach, kurzum: Man benahm sich genau so, wie es die schlimmsten Kritiker Goethes in Weimar vermutet hatten. Schon bald begannen sich jedoch die Zeichen zu verdichten, dass Goethe an einen langfristigen Aufenthalt in Weimar dachte und der Herzog alles tat, um seinen Günstling an sich zu binden: Zunächst schenkte er ihm im Frühjahr 1776 Haus und Garten an der Ilm, das später sogenannte Gartenhaus. Dann ernannte er ihn im Juni 1776 zum Mitglied des Geheimen Consiliums, das als höchstes Beratungsorgan des Herzogs faktisch das Kabinett bildete und aus nur drei Mitgliedern bestand: Neben Goethe war vor allem der Wirkliche Geheime Rat Friedrich Freiherr von Fritsch von Bedeutung, der die Regierungsgeschäfte führte und im Falle einer Berufung Goethes zunächst mit seinem Rücktritt gedroht hatte, aber durch Intervention der Herzogin Anna Amalia davon abgebracht werden konnte.

Goethe verfügte mit dieser Berufung erstmals über ein festes Einkommen von etwa 1200 Talern im Jahr, das einen halbwegs gehobenen Lebensstil ermöglichte, mit dem er aber dennoch selten genug auskam, sodass er weiterhin regelmäßig auf elterliche Zuschüsse angewiesen blieb. Zudem führte die Vielzahl der auf ihn zukommenden Aufgaben, die Sanierung der zerrütteten Weimarer Finanzen, die Aufsicht über das marode Straßennetz, die ihm besonders am Herzen liegende Wiederaufnahme des Silberbergbaus in Ilmenau und schließlich auch die Aufsicht über die aus 500 Soldaten bestehende Armee des Landes, dazu, dass sich sein Lebensstil radikal änderte: Die bohemehafte Lebensführung der Jugend wich einer starren protestantischen Arbeitsethik, mit der sich Goethe auf die neuen Aufgaben warf, zu der zusätzlich auch noch die Förderung der höfischen Unterhaltung in Form eines Liebhabertheaters gehörte, für das Goethe diverse Werke verfasste, überwiegend leicht verdauliche, aber auch die erste Prosafassung der „Iphigenie". 1782 wurde er schließlich auch Leiter der „Kammer", der obersten Finanzbehörde, und erreichte mit der Erhebung in den Adelsstand im selben Jahr den Gipfel seiner politischen Laufbahn.

Unter diesen großen Belastungen litt die übrige literarische Produktion mit Ausnahme einer Reihe von Gedichten sowie der allerdings recht umfangreichen naturwissenschaftlichen Schriften, sodass zu konstatieren ist, dass trotz intensiver Arbeiten kein einziges großes Werk im ersten Jahrzehnt in Weimar vollendet wurde, ein Umstand, unter dem Goethe nicht wenig litt.

Auch im Privatleben vollzog sich in diesen Jahren ein entscheidender Umschwung, der auf die intensive Beziehung zu der verheirateten Hofdame Charlotte von Stein zurückzuführen ist, die einen großen geistigen Einfluss auf Goethe ausübte. Von Beginn an fühlte sich Goethe von der sieben Jahre älteren, kultivierten Frau angezogen, sodass es zu häufigen Besuchen und einer Vielzahl von Briefen kam. Ob diese Beziehung wirklich so keusch und rein war, wie die ältere Germanistik gern annahm, muss offenbleiben, doch muss man bedenken, dass die Moralvorstellungen des Adels nicht mit denen des Bürgertums gleichgesetzt werden dürfen: Da Ehen beim Adel keine Neigungs- und Liebesangelegenheiten waren, galt eine außereheliche Beziehung, solange sie denn diskret vonstattenging, als durchaus akzeptabel. Ein Verweis darauf, dass für die beiden Liebenden eine nähere Verbindung wegen des damit verbundenen Ehebruchs undenkbar gewesen wäre, greift daher zu kurz. Dass die Unregelmäßigkeit der Beziehung aber von Goethe als unbefriedigend empfunden worden sein mag, steht auf einem anderen Blatt und könnte zu jenem Gefühl der Unzufriedenheit beigetragen haben, das Goethe schon ab etwa 1779 ergriff. Verstärkt wurde dieses durch die Tatsache, dass auch seine Regierungstätigkeit durchaus nicht von jenen Erfolgen gekrönt war, die er sich gewünscht hatte. Die Lage der Staatsfinanzen blieb prekär, die Bergbaubestrebungen verliefen trotz großen Engagements und hoher Investitionen im Sande und ein aufwendiges

Straßenbauprogramm verschärfte die Lage noch. Hinzu kamen soziale Probleme, die mit dem Niedergang des Heimgewerbes in Apolda verbunden waren und die dort zu einer Verelendung der Bevölkerung geführt hatten, was Goethe zu der berühmten Bemerkung veranlasste: „Hier will das Drama (gemeint ist die „Iphigenie", Anm. d. Verf.) gar nicht fort, es ist verflucht, der König von Tauris soll reden, als wenn kein Strumpfwürcker in Apolda hungerte."[1] Diese Äußerung verdeutlicht, dass Goethe durchaus unter den sozialen Zuständen litt, sie aber als der Welt der Kunst für unwürdig erachtete, wenngleich der Stoff der „Iphigenie" für die Aufnahme solcher Probleme ohnehin nicht geeignet gewesen wäre.
Die hier angedeutete literarische und private Krise sowie möglicherweise auch die Probleme in der Amtsführung verdichteten sich in den folgenden Jahren immer mehr, bis sich Goethe schließlich im September 1786 während eines Aufenthalts in Karlsbad zu einer radikalen Flucht nach vorn entschloss, indem er, ohne sich förmlich abzumelden oder um Entlassung zu ersuchen, nach Italien abreiste, nicht ohne sich allerdings zuvor vom Verleger Göschen einen erheblichen Vorschuss für die Herausgabe seiner „Sämtlichen Werke" auszahlen zu lassen.

2.2 Das Streben nach Harmonie – Wandrers Nachtlied/ Ein Gleiches

Kurzinterpretation

Um das Gedicht „Ein Gleiches" (**Arbeitsblatt 11**, S. 69), das zu den bekanntesten Gedichten Goethes gehört, besser verstehen zu können, ist es sinnvoll, zunächst kurz auf das Gedicht „Wandrers Nachtlied" einzugehen, mit dem es zusammen veröffentlicht wurde. Der Titel nimmt also direkt Bezug auf den Titel des „Vorgängers".
Das 1776 entstandene „Wandrers Nachtlied" ist allein durch den Titel als Rollengedicht zu identifizieren, dessen Sprecher ein müder Wanderer ist, der sich nach einem endgültigen Ruhepunkt sehnt. Das Gedicht besteht aus einem hypotaktischen Ausruf, wobei der Angerufene zunächst ausgespart bleibt und erst im vorletzten Vers durch „süßer Friede" (V. 7) näher bestimmt wird. Es verwendet einen aus vierhebigen Trochäen bestehenden Kreuzreim mit durchgängig männlicher Kadenz, der nur im verkürzten siebten Vers aufgegeben wird, der dadurch ein besonderes Gewicht erhält und eigentlich als einziger jene Ruhe verströmt, nach der sich der lyrische Sprecher so sehr sehnt.
Die konkrete Situation des Wanderers gewinnt durch die verwendete Sprache exemplarische Bedeutung für die Situation des Menschen insgesamt. Der Mensch kann, solange er von Schmerz und Lust beherrscht ist, keinen Frieden finden. Auf diesen Dualismus bezieht sich auch die zunächst rätselhaft erscheinende Selbstbezeichnung „Den, der doppelt elend ist" (V. 3), mit der der lyrische Sprecher seine eigene Situation beschreibt. Frieden ist also erst möglich, wenn die widersprüchlichen Gefühle aufgehoben werden, was jedoch nicht mit dem Wunsch nach Gefühllosigkeit zu verwechseln ist, denn die „Brust", in der der Friede sich niederlassen soll, ist Sitz der Gefühle.
Die in diesem Gedicht nur klagend angedeutete Suche nach Harmonie („Ach", V. 5) stellt sich in dem Folgegedicht „Ein Gleiches" als erreichbares Ideal dar. Über die Entstehung dieses Gedichts sind wir sehr genau unterrichtet, sodass es sich ziemlich exakt auf den Abend des 6. September 1780 datieren lässt, an dem Goethe es auf dem Berg Kickelhahn bei Ilmenau in die Wand des Jagdhäuschens schrieb. Obwohl dieses Graffiti bis 1815 die einzige von Goethe autorisierte „Veröffentlichung" blieb, kursierte das Gedicht offenbar als Abschrift in

---

[1] Brief an Charlotte von Stein aus dem Jahr 1779. Zitiert nach: Sophien-Ausgabe. Abt. 4, Band 4. Böhlau 1889, S. 18

Weimarer Hofkreisen und wurde 1801 schließlich sogar – in allerdings verstümmelter Form – in einer englischen (!) Zeitschrift veröffentlicht. All dies spricht für den hohen Rang, den die Zeitgenossen dem Text zuerkannten. Auch Goethe selbst pflegte eine besondere Beziehung zu diesem Werk, ließ er die übermalte Inschrift doch 1829 wiederherstellen und kehrte 1831, also ein Jahr vor seinem Tod, noch einmal zurück.
Das Gedicht besteht aus acht Versen, die sich nach dem Schema ababcddc reimen und keinem festen metrischen Schema folgen, ohne dadurch unruhig zu wirken, im Gegenteil: Es überwiegt der Eindruck einer fließenden Harmonie, der auch durch die Enjambements und die Tatsache, dass die syntaktische Struktur (V. 1–5, 6–8) dem Reimschema zuwiderläuft, nicht zerstört wird. Man wird aber als Interpret nicht fehlgehen, wenn man die syntaktischen und metrischen Signale als Zeichen deutet, dass die erreichte Ruhe und Harmonie eine schwer errungene ist, die eher als eine fragile Balance zwischen Ruhe und Unruhe denn als eine unwandel- und unzerstörbare Ruhe verstanden werden muss.
Trotz seiner Kürze und offenbar spontanen Entstehung folgt das Gedicht einem strengen Aufbau: Der Blick fällt zunächst auf die unbelebte Natur in der Höhe, wo absolute Ruhe herrscht. Dann senkt sich die Blickrichtung auf die belebte Natur („Wipfel“), wo beinahe Ruhe („kaum einen Hauch“, V. 5) eingekehrt ist, und fällt schließlich auf einen als „du“ Angesprochenen, dem auch baldige Ruhe verheißen wird. Insgesamt lässt sich also feststellen, dass der Grad der Ruhe mit dem Grad an Bewusstheit zusammenhängt, was dazu führt, dass der Mensch insofern aus der Natur heraustritt, aber, wie durch das Adverb „balde“ (V. 7) verdeutlicht wird, dieser Ruhe auch wieder teilhaftig werden kann. „Dieses nur angedeutete, weitgehend unausgesprochene Versprechen, das so beruhigt, beschließt das Gedicht und gibt ihm das Tröstende.“[1]
Dennoch greift es zu kurz, wenn das Gedicht als reine Todessehnsucht gedeutet wird, auch wenn Goethes tränenreicher Besuch 1831 diese Deutung nahezulegen scheint. In der Situation des Jahres 1780 ist eine solche Intention nur schwer vorstellbar, zumal auch andere Formen der Ruhe, die hier angestrebt werden, durchaus denkbar sind.

Hinweise zum Einsatz im Unterricht

Um einer solchen verengenden Deutung in Richtung Todessymbolik entgegenzuwirken, empfiehlt es sich, mit einem Referat über Goethes erste Weimarer Jahre einzusteigen, um den Blick auf diese Gedichte etwas zu weiten. Anschließend kann dann zunächst das Gedicht „Ein Gleiches“ vorgetragen und unter folgenden Leitfragen erarbeitet werden:

- *Fertigen Sie eine metrische Analyse des Gedichts an und überprüfen Sie, inwiefern metrische Form und Inhalt miteinander korrespondieren.*
- *Gliedern Sie das Gedicht unter dem Gesichtspunkt der beschriebenen Örtlichkeiten und untersuchen Sie, was den jeweiligen Orten zugeordnet wird.*
- *Unternehmen Sie abschließend eine Deutung der letzten beiden Verse.*

Die Ergebnisse können anschließend in folgendem Tafelbild gesichert werden:

[1] Große, Wilhelm: Gedichte der Weimarer Klassik. München 1992, S. 85

Johann Wolfgang Goethe: Ein Gleiches

Gipfel/
Absolute Ruhe

unbelebte Natur

„balde ruhest du auch"

Wipfel/
Kaum ein Hauch

belebte Natur

lyrischer Sprecher/
innere Unruhe

Mensch

➡ Hoffnung, an der (göttlichen?) Ruhe teilhaben zu können, entweder im Tod oder durch das Erreichen innerer Ausgeglichenheit

Im Anschluss daran kann, etwa in Form einer schriftlichen und ausführlichen Hausaufgabe, auch das erste Gedicht in den Blick genommen werden.

- *Analysieren Sie das Gedicht „Wandrers Nachtlied" und vergleichen Sie es formal und inhaltlich mit „Ein Gleiches". Gehen Sie hierbei auch auf die Frage ein, warum Goethe das zweite Gedicht mit „Ein Gleiches" betiteln konnte.*

Angesichts des geradezu kanonischen Charakters, den dieses Gedicht für die deutsche Klassik angenommen hat, der sich unter anderem in über 200 (!) Vertonungen und zahlreichen Parodien, darunter auch so berühmten wie Christian Morgernsterns „Fisches Nachtgesang", niedergeschlagen hat, ist es angebracht, auch die Rezeptionsgeschichte in den Blick zu nehmen und zugleich die Frage nach der Aktualität des hier aufgezeigten Menschenbildes zu stellen. Zu diesem Zweck kann auf Bertolt Brechts „Liturgie vom Hauch" aus dem Jahre 1927 zurückgegriffen werden (**Arbeitsblatt 12**, S. 70f.).
Der Bezug zu Goethes Gedicht ergibt sich daraus, dass Brecht Teile in leicht veränderter Form als Refrain seines Gedichts benutzte. Dabei erweisen sich die Verse Goethes formal und inhaltlich als Fremdkörper, da die bloße Zustandsbeschreibung dem erzählenden Duktus Brechts widerspricht und der hohe, getragene Stil auf einen lakonischen, teilweise derben Ausdruck trifft. Der Verzicht auf ein festes Metrum sowie die häufig unreinen Reime unterstützen den volkstümlichen, beinahe bänkelsanghaften Eindruck des Gedichts.
Erzählt wird die Geschichte vom Hungertod einer alten Frau und die dadurch ausgelösten Geschehnisse, die in einer Steigerung der Anzahl von Protestierenden und einer ebenso gesteigerten Brutalität der Reaktion der Herrschenden auf diese bestehen. Zwischen den einzelnen Episoden fügt Brecht nun den oben erwähnten Refrain ein, der die Ruhe der zum Schweigen gebrachten Demonstranten auf ironische Weise widerspiegelt, indem die jeweils wiederhergestellte Ruhe eben nicht die harmonische Ruhe Goethes, sondern die Friedhofsruhe darstellt. An dieser Stelle setzt jeweils das Goethe-Zitat ein, das jedoch abgewandelt wurde, indem die Reihenfolge der ersten vier Zeilen geändert wurde, sodass eine Bewegung von unten nach oben entsteht, die den vergeblichen Versuchen der Unterdrückten, mit den Herrschenden zu kommunizieren, entspricht. Die „Vögelein" Goethes können in der Version Brechts als Intellektuelle bzw. Dichter interpretiert werden, die, obwohl sie die Ungerechtigkeit der Verhältnisse wahrnehmen, zu diesen schweigen. Kritisiert wird also auch der durch

das Goethe-Gedicht angedeutete Rückzug in die Innerlichkeit, da er die herrschenden Verhältnisse stabilisiert. Ob diese Kritik sich auch auf Goethe selbst oder nur auf die verengte und apolitische Rezeption bezieht, muss dabei offenbleiben, da die Wahl von „Ein Gleiches" wohl auch durch den Bekanntheitsgrad dieses Gedichts zu erklären ist, das sich deshalb zur Parodie besonders eignete.
Der Konflikt wird in dem Gedicht schließlich durch das Auftauchen eines großen roten Bären gelöst, unschwer als Metapher für die Russische Revolution von 1917 zu deuten, der die schweigenden Vögel einfach auffrisst und dadurch die Verhältnisse ändert, was sich in einer Variation des Zitats äußert, die in der Formulierung „In allen Gipfeln spürest du/Jetzt einen Hauch" (41) verdeutlicht, dass diese Veränderungen auch die Spitze betreffen werden und eine Änderung der Ungerechtigkeiten zum Ziel hat.

- *Interpretieren Sie dieses Gedicht und stellen Sie die deutlich werdenden Konflikte in einem Schaubild dar.*
- *Untersuchen Sie die verwendeten sprachlichen Mittel und vergleichen Sie sie mit „Ein Gleiches".*
- *Vergleichen Sie die Anklänge an „Ein Gleiches" mit dem Original und versuchen Sie, eine Erklärung für die Veränderungen zu finden.*
- *Deuten Sie die Bildelemente der Goethe-Parodie vor dem Hintergrund des Geschehens in diesem Gedicht und interpretieren Sie die Abänderung des Refrains im letzten Teil.*
- *Erörtern Sie, ob die Kritik Brechts Goethe selbst oder nur seiner Rezeption gilt.*

Die Ergebnisse können anschließend in folgendem Tafelanschrieb gesichert werden:

Bertolt Brecht: Liturgie vom Hauch

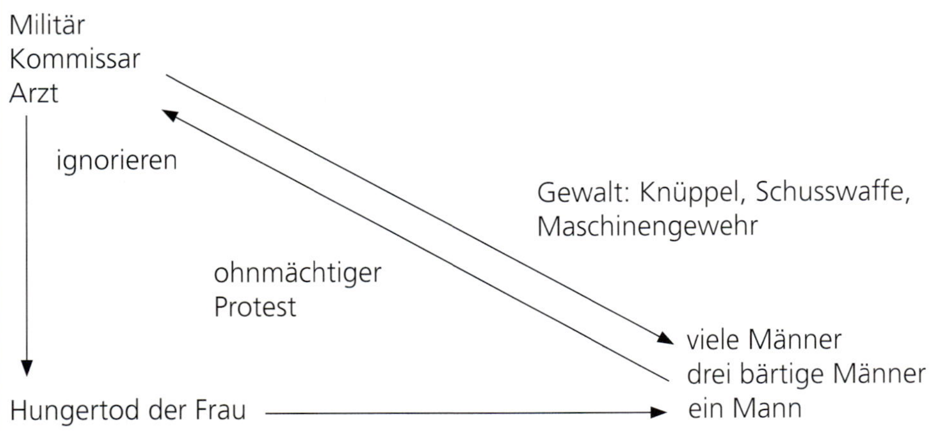

Fazit: ungerechte Verhältnisse, deren Veränderung mit allen Mitteln verhindert wird

Goethe-Parodie als Zeitkritik in Brechts „Liturgie vom Hauch"

kaum ein Hauch in Gipfeln ↔ Hauch in allen W.

Ruhe in Wipfeln ↔ Unruh

schweigende Vögel ↔ russ. Bär

keine Veränderung der Verhältnisse, da Menschen/Intellektuelle schweigen; Veränderung nur durch Oktoberrevolution und mit Gewalt möglich

2.3 Überformung der Lebenskrise – An den Mond

Kurzinterpretation

Die Erstfassung dieses Gedichts (**Arbeitsblatt 13**, S. 72f.) entstand zwischen 1777 und 1778 und ist überliefert in einem der über 1600 Briefe, die Goethe seiner Vertrauten Charlotte von Stein während des ersten Weimarer Jahrzehnts schrieb. Die 1789 veröffentlichte zweite Fassung ist nicht völlig eindeutig zu datieren (1784–1788), wobei die unterschiedlichen Datierungsversuche nicht zuletzt mit der unklaren Stellung eines Parallelgedichts von Charlotte von Stein zusammenhängen, das aus inhaltlichen Gründen eindeutig während Goethes Italienaufenthalt entstanden sein muss. Geht man davon aus, dass Charlotte von Stein dieses Gedicht nach der Erstfassung Goethes angefertigt hat, kann Goethes zweite Fassung erst nach seiner Rückkehr aus Italien entstanden sein, da es zwischen dem Gedicht der Stein und der Zweitfassung inhaltliche Parallelen gibt. Kannte sie aber bereits die Zweitfassung, muss diese vor Goethes plötzlicher Abreise nach Italien entstanden sein. Ersichtlich wird bereits hier, dass die Texte scheinbar auch Reflexionen auf die sich verändernden Lebensumstände darstellen.

Diese biografischen Anklänge werden in der ersten Fassung am deutlichsten, die sich von der zweiten so evident unterscheidet, dass in der Forschung sogar von zwei Gedichten gesprochen wurde. In der ersten Fassung ist die Angesprochene eindeutig die Geliebte, die für den Mann, dessen Leben in der dritten und vierten Strophe als ein sehr wechselhaftes beschrieben wird, Gefährtin und Trösterin zugleich ist. Die Segensformel der Schlussstrophen wechselt dann die Perspektive in der Hinsicht, dass es der Geliebten gewünscht wird, durch die glückliche Vereinigung mit einem Mann in jene Lage versetzt zu werden, in der sich das lyrische Ich bereits befindet. Das Gedicht ist also eindeutig ein Liebesgedicht und besitzt der Frau gegenüber durchaus einen auffordernden Charakter, der allerdings nicht in einem erotischen Sinne gelesen werden muss.

In der zweiten Fassung dagegen sind alle Hinweise auf eine Liebesbeziehung getilgt und durch den Begriff „Freund" (vgl. V. 7, 31) ersetzt, was dem Gedicht eine vollkommen andere Richtung und Allgemeingültigkeit gibt, da die biografischen Aspekte nun stärker zurücktreten und die Aussage sich im Hinblick auf eine allgemeine Beziehung verändert, mit der in biografischer Hinsicht durchaus auch die Freundschaft zu Herzog Karl August gemeint sein könnte, die also an Eindeutigkeit eingebüßt hat.

Auch wenn selbstverständlich beide Fassungen auch ohne biografische Hintergrundinformationen unmittelbar verständlich sind, wird von den Interpreten meist doch die zweite Fassung als die reifere und gültigere vorgezogen. Auch die nun folgenden Hinweise beziehen sich daher auf diese, zumal der folgende Unterrichtsvorschlag von einer Erstbegegnung mit der zweiten Fassung ausgeht. Erst in einem zweiten Schritt sollen die Ergebnisse dann mit der Erstfassung verglichen und in den biografischen Kontext gestellt werden, auch um dem Missverständnis, Goethes Gedichte ließen sich vor allem als Ausdruck seiner jeweiligen Stimmung lesen, nicht Vorschub zu leisten.

Das Gedicht besteht aus neun vierzeiligen Strophen, die abwechselnd vier- und dreihebige Trochäen sowie den Kreuzreim verwenden, was insgesamt den ruhigen, ja sogar melancholischen Eindruck verstärkt. In den ersten beiden Strophen wird beschrieben, dass der personifizierte Mond wie ein Freund die Sorgen, die die Seele des lyrischen Ichs offenbar bedrücken, zu lösen vermag, indem er einen Einklang zwischen der Natur und dem Menschen vermittelt. Die Brüchigkeit dieser vollkommenen Harmonie enthüllen jedoch in der Folge die Strophen drei bis fünf, die deutlich machen, dass das am Anfang festgestellte innere Gleichgewicht nicht mit dem vollkommenen Glück gleichzusetzen ist, das vielmehr ausdrücklich als Zustand der Vergangenheit bezeichnet wird (V. 17), dem in der Gegenwart die Qual der Erinnerung gegenübergestellt wird, die nur durch das Naturerlebnis des Mondes gemildert wird. Das Leben wird dialektisch als ein Wandeln in Einsamkeit zwischen den Polen „Freud' und Schmerz" (V. 11) bezeichnet. In der zentralen fünften Strophe wird dann in einer Gleichsetzung des beobachteten Naturphänomens (rauschender Fluss) und der gleichermaßen verrauschenden Treue der Grund für das gegenwärtige Unglück genannt, der eindeutig in einer verlorenen Liebe besteht.

Der folgende Teil (Strophe 6 und 7) nimmt das Bild des Flusses wieder auf, verdeutlicht aber, wie gerade aus dem Verlust etwas Positives entstehen kann, indem dieser in Dichtung umgesetzt wird („Sang", V. 23), die – im Bild des Lebens als Fluss bleibend – sowohl die negativen („Winternacht", V. 25) als auch die positiven („Frühlingspracht", V. 27) Seiten thematisieren soll. Das Gedicht, das mit einer sich über die letzten beiden Strophen erstreckenden Segensformel schließt, ist zugleich als Lob der (erhofften) Freundschaft und als Absage an die Gesellschaft zu verstehen, denn allenfalls ist es mit einem seelenverwandten Freund möglich, jene zu Beginn erfahrene Harmonie zu genießen.

Hinweise zum Einsatz im Unterricht

Der folgende Unterrichtsgang geht davon aus, dass zunächst die zweite Fassung besprochen wird. Bei diesem an Assonanzen und Alliterationen reichen Gedicht bietet sich eine musikalische Präsentation besonders an, zumal Goethe selbst die Erstfassung zusammen mit einer Melodie an Charlotte von Stein sandte. So könnten etwa die beiden vertonten Fassungen von Franz Schubert (D259, D296) den Schülern vorgespielt werden, wobei leicht auch auf Veröffentlichungen im Internet[1] zurückgegriffen werden kann, verbunden mit folgendem Auftrag:

- *Welche von dem Gedicht ausgehende Stimmung wird in den beiden Vertonungen besonders hervorgehoben?*

Auch für einen mit den Feinheiten romantischer Kunstlieder nicht vertrauten Kurs sollte deutlich werden, dass Schuberts zweite Version gegenüber der ganz von Harmonie und Eintracht getragenen ersten Fassung deutlich dunkler wirkt, womit die beiden wesentlichen Stimmungen bereits erfasst wären. Im Anschluss können dann diese Interpretationen Schuberts am Text auf ihre Tragfähigkeit hin überprüft werden.

- *Unterstreichen Sie beim Lesen zentrale Begriffe, die Ihrer Meinung nach die von dem Gedicht ausgehenden Stimmungen besonders widerspiegeln.*

1 Eingabe „Schubert An den Mond" bei youtube.com

Eine Sammlung der sinntragenden Begriffe dürfte erbringen, dass beide Interpretationen durch den Text gedeckt sind, da insbesondere Anfang und Ende harmonisch wirken, im Mittelteil jedoch die düsteren Begriffe überwiegen. Diese Erstinterpretation wird in der Folge dann textanalytisch überprüft und abgesichert.

- *Gliedern Sie das Gedicht in Sinnabschnitte und kennzeichnen Sie die in dem jeweiligen Abschnitt vorherrschende Stimmung.*
- *Untersuchen Sie das Verhältnis des lyrischen Ichs zur Natur einerseits und zur Gesellschaft/zu den Menschen andererseits.*
- *Ermitteln Sie, in welcher Weise das lyrische Ich seine Trauer verarbeitet.*

Die Ergebnisse können anschließend in folgendem Tafelbild gesichert werden:

Johann Wolfgang Goethe: An den Mond (1789)

Strophen 1 + 2: Gegenwart	**Strophen 3 – 7: Vergangenheit**	**Strophen 8 + 9: Fazit/Zukunft (?)**
Mond „füllest“ „lindernd“ „lösest“ „mild“ ↓ lyrisches Ich	Freude und Schmerz, Einsamkeit ↓ Fluss ↙ ↘ Spiegelung des Verlusts / dichterische Verarbeitung	• Abwendung von der Welt • Konzentration auf Freundschaft • gemeinsame Erfahrung von Harmonie in der Natur
⬇	⬇	⬇
Erfahrung kurzfristiger Harmonie in der Begegnung mit der Natur	Natur spiegelt Seelenzustände und erlaubt schöpferische Erfahrung	höchstes Glück liegt in der gemeinsamen Erfahrung dieser Harmonie

In einem zweiten Schritt können nun die beiden Fassungen miteinander verglichen werden. Hierzu empfiehlt es sich, zunächst einmal die biografischen Rahmenbedingungen zu klären. Dies kann zum einen durch ein vorbereitendes Referat erfolgen, zum anderen aber auch durch einen vorbereitenden Rechercheauftrag an alle Schüler.

- *Informieren Sie sich in einem Nachschlagewerk oder im Internet über Charlotte von Stein und ihre Beziehung zu Goethe.*
- *Vergleichen Sie anschließend vor dem Hintergrund dieser biografischen Informationen die beiden Fassungen miteinander und versuchen Sie, die Unterschiede zu erklären.*

Erkannt werden sollte auf jeden Fall, dass das erste Gedicht eindeutig ein Liebesgedicht ist, während das zweite sehr viel neutraler auch als Loblied der Freundschaft gelesen werden kann. Die Fassungen spiegeln also auch die Wandlung in der Beziehung wider. Zudem wirkt die zweite Fassung düsterer, da offenbar auch die Liebe keine Garantie für die vollkommene Harmonie ist, die in der ersten Fassung sehr viel greifbarer zu sein scheint als in der zweiten. Gemeinsam ist beiden Gedichten aber der Wunsch nach einer Abwendung von der Welt,

auch wenn er durch die pikante Situation eines unverheirateten Liebespaares eine andere Richtung erhält als in der zweiten Fassung.
Andererseits reagiert die zweite Fassung auch auf den Bruch zwischen Goethe und Charlotte von Stein, indem das Motiv der Untreue in das Gedicht aufgenommen wird (vgl. V. 15f.). Offenbleibt, wer untreu wurde; das von zahlreichen Interpreten betonte Schuldeingeständnis lässt sich dem Text definitiv nicht entnehmen, verdeutlicht aber einmal mehr, wie sehr das Wissen um die Biografie Goethes teilweise die Interpretation seiner Gedichte überlagert. Reizvoll kann an dieser Stelle sein, auch die Erwiderung Charlotte von Steins (**Zusatzmaterial 7, S. 131**) mit in die Interpretation einzubeziehen, verbunden mit folgendem Schreibauftrag:

- *Interpretieren Sie das Gedicht vor dem Hintergrund der Beziehung Goethes zur Autorin.*

2.4 Das Verhältnis zum Göttlichen – Grenzen der Menschheit/Das Göttliche

Kurzinterpretation

Die beiden Hymnen „Grenzen der Menschheit" und „Das Göttliche" (**Arbeitsblatt 14, S. 74ff.**) erinnern formal an die Hymnen der Sturm-und-Drang-Periode, vor allem an „Prometheus" und „Ganymed", lassen aber gerade deshalb das Besondere der einsetzenden Klassik erkennen. Goethe hat diese vier Hymnen in späteren Jahren immer zusammen publiziert, sodass sie auch vom Autor in eine thematische Nähe gerückt werden und die thematische Spiegelung zum Vorschein kommt. Allen vier Texten ist gemeinsam, dass sie das Verhältnis des Sprechers zu Gott bzw. den Göttern behandeln: Während jedoch „Prometheus" und „Ganymed" die Auflehnung bzw. Hingabe an das Göttliche thematisieren, bemühen sich die folgenden beiden Hymnen zunächst um eine Bestimmung der Grenzen des Menschlichen und um ihr Verhältnis zu einem neu definierten Bild vom Göttlichen.
Beide hier zu besprechenden Gedichte stammen aus der ersten Hälfte der 1780er-Jahre, aus einer Zeit also, in der Goethes literarische Produktion, bedingt durch die Belastungen des Ministeramts, ins Stocken geraten war und in der mit Ausnahme der Erstfassung der „Iphigenie" kein größeres Werk fertiggestellt wurde. Die thematische Nähe zu diesem Drama, das ja bekanntermaßen von Goethe später als „verteufelt human" bezeichnet wurde, können die beiden Gedichte kaum verleugnen, wenngleich ihre sprachliche Form auf den ersten Blick eher an die früheren Hymnen erinnert.
Das erste hier zu behandelnde Gedicht, „Grenzen der Menschheit", verwendet wie diese freie Rhythmen, doch erinnert ansonsten nur noch wenig an die Sprunghaftigkeit und Impulsivität des „Prometheus", stattdessen wirken der Ductus gemessen und belehrend, die Strophengliederung übersichtlich und kalkuliert. Auf zwei zehnzeilige folgen zwei achtzeilige und eine abschließende sechszeilige Strophe.
In der ersten Strophe beschreibt das lyrische Ich sein Verhalten, wenn der Gott, der durch seine Insignien Donner und Blitz leicht als Zeus identifizierbar ist, seine Macht offenbart, indem es nämlich unterwürfig reagiert und „den letzten/Saum seines Kleides" (V. 7f.) küsst, „Kindlicher Schauer/Treu in der Brust" (V. 9f.). Dieses naiv erscheinende Gottvertrauen wird in der folgenden Strophe damit begründet, dass sich niemand mit den Göttern messen soll, da jeder Versuch als Hybris zum Scheitern verurteilt wäre. Hebe der Mensch sich nämlich aufwärts, werde er zum Spielball der Wolken und verliere an Sicherheit, während er andererseits auch nicht auf dem Boden stehen bleiben könne, da er sich ansonsten nicht einmal mit Pflanzen messen könne. Deutlich wird in diesem zunächst kryptisch erscheinenden Bild die Vorstellung des Menschen als einer gemischten, daher aber auch krisenhaften und besonderen Existenz.

Als solches Mischwesen kann er weder völlig vergeistigt noch völlig sinnlich existieren, da er buchstäblich Kopf und Füße zugleich hat, also sinnliches *und* reflektierendes Wesen ist.
Die vierte Strophe setzt in Frageform erneut beim Unterschied zwischen Menschlichem und Göttlichem an. Die Metapher der Vielzahl von Wellen, die vor den Göttern wandeln, während die Menschen von einer einzigen Welle umhergeworfen und sogar zerschmettert werden, verdeutlicht die Unterschiede: Die Götter sind ewig, unwandelbar und unbewegt, die Menschen dagegen schwach und endlich. Mit dieser für den Menschen deprimierenden Erkenntnis endet das Gedicht jedoch nicht, denn trotz seiner Endlichkeit hat auch der Mensch teil an der Unendlichkeit, was durch die Metapher des Ringes verdeutlicht wird, der zwar das Leben des einzelnen Menschen begrenzt, der sich aber zugleich als ein Glied einer unendlichen Kette darstellt, wodurch die im Titel angedeuteten Grenzen der Menschheit zugleich anerkannt und überwunden werden.
Die Möglichkeiten, die sich dem einzelnen Menschen innerhalb seines „Ringes" bieten, werden in dem zweiten Gedicht thematisiert, das, bedingt durch die Imperative, einen noch belehrenderen Gestus einnimmt als die „Grenzen der Menschheit". Die einleitenden Verse „Edel sei der Mensch, hilfreich und gut!" sind zu geflügelten Worten geworden, über deren Herkunft sich aber vermutlich nur noch die wenigsten bewusst sind. Auf den ersten Blick erscheint es merkwürdig, dass ein mit „Das Göttliche" überschriebener Text mit Forderungen an den Menschen einsetzt, die begründet werden, indem sie als einzig Trennendes gegenüber der tierischen Sphäre bezeichnet werden. Die zweite Strophe verdeutlicht den Zusammenhang, indem diese als Nachahmung der höheren Wesen, die nur geahnt werden können, bezeichnet wird.
In den folgenden Strophen (3–5) wird die menschliche Sphäre von der Natur abgegrenzt, der die Attribute Gefühllosigkeit, Zufälligkeit und Beliebigkeit zugeschrieben werden, wobei zwar auch der Mensch im Prinzip den ewigen Gesetzen unterworfen sei, diesen aber als Einziger etwas entgegensetzen könne: Allein der Mensch kennt den Unterschied zwischen Gut und Böse und vermag der Zufälligkeit der Natur etwas Sinnstiftendes entgegenzusetzen (Strophe 6f.).
Das Gedicht wendet sich nun wieder den Göttern zu, die im Großen tun, was der beste Mensch im Kleinen tut. Auf diese Art und Weise soll der Mensch zum Vorbild für die Idee der Götter werden. Die Anthropomorphisierung der Götter ist also eine Konkretisierung, da diese nur so begriffen werden können.

Hinweise zum Einsatz im Unterricht

Zunächst sollen beide Texte von den Schülern in Stillarbeit gelesen werden, verbunden mit folgendem Auftrag:

- *Die beiden Gedichte wurden von Goethe mit den Titeln „Das Göttliche" und „Grenzen der Menschheit" versehen. Weisen Sie den Gedichten jeweils einen der beiden Titel zu und begründen Sie Ihre Auswahl.*

Die Aufgabe, deren Sinn nicht darin besteht, auf die „richtige" Lösung zu kommen, verfolgt das Ziel, die Schüler auf ein Paradoxon aufmerksam zu machen, dass nämlich das Gedicht „Grenzen der Menschheit" sich überwiegend mit den Göttern und „Das Göttliche" sich überwiegend mit den Menschen beschäftigt. Prinzipiell wäre auch eine vertauschte Auswahl begründbar, wenngleich „Das Göttliche" gerade Perspektiven aufzeigen will, die gesteckten Grenzen, die dennoch in diesem Gedicht erkennbar bleiben, zu überwinden. Die Diskussion sollte daher auch Aufschluss über ein Erstverständnis der Gedichte geben, zugleich aber aufzeigen, dass die Titel nicht im Sinne einer bloßen Abgrenzung der Sphären und einer Definition zu verstehen sind. Die Erarbeitung der beiden Gedichte kann in Form eines Gruppenpuzzles erfolgen, wobei sich jede Gruppe zunächst einem Gedicht zuwendet, bevor in einer zweiten Gruppenphase neue Gruppen gebildet werden, in denen sich jeweils etwa zwei Experten für ein Gedicht zusammenfinden. Die Aufgabe dieser Vierergruppen besteht dann darin, sich zunächst die Ergebnisse der anderen Gruppe vorstellen zu lassen und dann diese in Form eines Vergleichs auf eine neue Ebene zu transponieren.

Grenzen der Menschheit

- *Verfassen Sie eine kurze Inhaltsangabe, in der Sie den Argumentationsgang des Gedichts wiedergeben.*
- *Erarbeiten Sie die Einstellung des lyrischen Ichs zur Gottheit und erläutern Sie die Grenzen, die dem Menschen gesetzt sind. Erklären Sie hierbei auch die Metapher der Welle.*
- *Erläutern Sie, auf welche Weise der Mensch seine gezogenen Grenzen überwinden kann. Erklären Sie hierbei auch die Metapher des Ringes bzw. der Kette.*
- *Bereiten Sie sich darauf vor, Ihre Ergebnisse Mitgliedern der anderen Gruppe geordnet und verständlich wiederzugeben.*

Das Göttliche

- *Verfassen Sie eine kurze Inhaltsangabe, in der Sie den Argumentationsgang des Gedichts wiedergeben.*
- *Erarbeiten Sie das im Gedicht deutlich werdende Verhältnis von göttlicher, menschlicher und natürlicher Sphäre heraus.*
- *Erläutern Sie, auf welche Weise der Mensch die Grenzen, die ihm von der Natur gezogen sind, überwinden kann.*
- *Bereiten Sie sich darauf vor, Ihre Ergebnisse den Mitgliedern der anderen Gruppe geordnet und verständlich wiederzugeben.*

Falls die Gedichte in einer herkömmlichen Gruppenarbeit oder einzeln erarbeitet werden, können die Ergebnisse alternativ auch in folgenden Tafelbildern gesichert werden:

Johann Wolfgang Goethe: Grenzen der Menschheit (1781)

Gottheit
- mächtig und gelassen
- zeitlos und unbewegt („vor vielen Wellen")

↑ *kann sich nicht erheben, da Sicherheit fehlt*

Mensch
- ehrfürchtig gegenüber der Gottheit
- schwach und zeitlich begrenzt („uns hebt die Welle")

↓ *kann sich nicht auf Irdisches beschränken, da zu schwach*

Natur
- wohlgegründet und dauerhaft

➡ prekäre Zwischenexistenz des Menschen zwischen Kreatürlichem und Göttlichem, aber Aufhebung der zeitlichen Begrenzung durch Generationenfolge (Ring/Kette)

Johann Wolfgang Goethe: Das Göttliche (1783)

Höhere Wesen

↑ *ahmt nach, was er nur ahnt, dadurch „Vor"bild der Götter*

Mensch

- Ethik (Gut und Böse)
- Geschichtlichkeit („Dauer verleihen" (durch Kunst?))
- Sinngebung („nützlich verbinden")

↓ *unterscheidet sich*

Natur

- Zufälligkeit von Gut und Böse
- Gefühllosigkeit
- Kausalität der Naturgesetze

➡ **Göttlichkeit = ideale Menschlichkeit**

In der zweiten Phase der Gruppenarbeit sollen die Ergebnisse dann in ein Arbeitsblatt eingetragen und mit der Darstellung in „Prometheus" verglichen werden.

- *Füllen Sie die Tabelle aus und vergleichen Sie Ihre Ergebnisse mit der Darstellung in dem Gedicht „Prometheus".*
- *Vergleichen Sie die sprachliche Gestaltung der drei Gedichte und tragen Sie auch diese Ergebnisse in das Arbeitsblatt ein.*
- *Versuchen Sie, vor dem Hintergrund Ihres literaturgeschichtlichen Wissens eine Erklärung für die Unterschiede zu finden.*

Eine Lösung könnte wie folgt aussehen:

Gedichtevergleich

	Prometheus (1774)	Grenzen der Menschheit (1781)	Das Göttliche (1783)
Menschenbild	Schöpfer (V. 6ff., 52ff.) Selbstbestimmung und Autonomie als Ziele (V. 27f., 33ff., 54ff.)	„Kind" Gottes (V. 2, 9) Unterwerfung (V. 7f., 11ff.) Stellung zwischen Gott und Natur (V. 14ff.) Endlichkeit der Existenz (V. 34ff.)	Fähigkeit zu Edelmut (V. 1ff.) Fähigkeit zur Unterscheidung (V. 37ff.) und Kunst (V. 41f.)
Gottesbild	Neid auf Menschen (V. 9ff.) Tatenlosigkeit und Ohnmacht der Götter (V. 24ff., 39ff.)	„heiliger Vater" Gelassenheit und Wohlwollen (V. 3–5) Erhabenheit (V. 29ff.)	nur Ahnung der Göttlichkeit möglich (V. 7ff.)
Verhältnis von Mensch und Gott	Verspottung und Herausforderung (V. 1ff.) Verachtung (V. 13ff.)	Ehrfurcht (V. 7ff.)	Verehrung der Unsterblichen (V. 7ff.) Mensch soll durch Taten dem Göttlichen ähnlich werden (V. 10f.)
sprachliche Gestaltung	Befehlsform gegenüber Zeus (V. 1ff.) ironisierende Vergleiche (V. 3f.) vorwurfsvolle Fragen emphatische, erregte Sprache (Ellipsen, Anaphern)	argumentativer Aufbau (Wenn ... denn) Hypotaxen feierliche, getragene Bilder	apellative Sprache parataktischer Satzbau Wiederholungen

Abschließend kann im Unterrichtsgespräch der Frage nach der Aktualität des Menschenbildes der Klassik nachgegangen werden.

- *Diskutieren Sie, ob und inwiefern Ihnen das in diesen Gedichten dargestellte Menschenbild heute noch aktuell erscheint und wo Sie bei der Umsetzung Probleme sehen.*

2.5 Italiensehnsucht – Mignon

Kurzinterpretation

Das vorliegende Gedicht (**Arbeitsblatt 15**, S. 77) entstand zu Beginn der 1780er-Jahre als Teil des Romans „Wilhelm Meisters Lehrjahre", der erst 1795 fertiggestellt wurde. Dies ist insofern wichtig, als der klassischen Interpretation des Gedichts als Ausdruck einer deutschen Italiensehnsucht dahingehend ein wenig der Boden entzogen wird, da die Figur der Mignon,

der das Gedicht im Roman als Lied zugeordnet wird, eine Italienerin ist und das Gedicht im Kontext des Romans Heimweh ausdrückt. Angesichts der wenige Jahre später erfolgenden „Flucht" Goethes nach Italien kann aber auch kaum verleugnet werden, dass sich hier aufseiten des Autors auch eine ganz reale Sehnsucht widergespiegelt haben mag. Die Enge, soziale Not und die Zwänge des Hoflebens haben zweifellos auf Goethe bedrückend gewirkt, zumal er spürte, wie sehr die Tätigkeit als Minister seine literarische Produktion hemmte bzw. auf Bereiche ablenkte, die ihm eher unangenehm waren.
Das Gedicht ist sehr regelmäßig gebaut. Es besteht aus drei sechszeiligen Strophen, die durchgehend aus paargereimten, fünfhebigen Jamben mit männlicher Kadenz bestehen. Jede Strophe wird mit einer Frage eingeleitet, wobei nacheinander nach dem Land, dem Haus und dem Berg gefragt wird. Anschließend erfolgt eine kurze Charakterisierung derselben. Der fünfte Vers jeder Strophe nimmt die Frage auf und fährt nach einer Zäsur mit der beschwörenden Aufforderung „Dahin! Dahin!" fort, wobei der Angesprochene nacheinander als Geliebter, Beschützer und Vater bezeichnet wird.
Das Ziel der Sehnsucht wird nicht genannt, kann aber aufgrund des angedeuteten warmen Klimas sowie der genannten Pflanzenwelt in der ersten und der Erwähnung von Säulen und Marmorbildern in der zweiten Strophe klar als Italien identifiziert werden. Lediglich die dritte Strophe fügt sich mit der Evozierung einer rauen Berglandschaft nicht ein, diese kann aber leicht als eine Beschreibung des Weges, der über die Alpen führt, verstanden werden. Trotz seiner scheinbaren Einfachheit ist das Lied geprägt von einer komplexen, symbolisch aufgeladenen Bildsprache, die das Land Italien weniger als realen Ort denn als Projektion der Wünsche erscheinen lässt. Genau das ist vermutlich auch der Grund für die ungeheure Popularität dieses Gedichts, das von Italienreisenden unzählige Male zitiert und auch parodiert wurde.

Hinweise für den Einsatz im Unterricht

Auch bei diesem Gedicht bietet sich der Einstieg über eine der zahlreichen Vertonungen an, die ebenso wie im Falle von „An den Mond" auch hier leicht zugänglich sind. Nach einer ersten Sammlung von Eindrücken kann sich folgende Frage anschließen:

- *Mit welchem Land bringen Sie die Schilderung in Verbindung? Für wie real halten Sie diese Beschreibung?*

Vermutlich dürfte eine ganze Reihe von Schülern dieses Gedicht bereits mit Italien assoziieren, da einige Elemente der Beschreibung geradezu topisch geworden sind. Zudem dürfte den meisten Schülern auch auffallen, dass diese Beschreibung nicht dazu dient, einen realen Ort zu skizzieren, sondern dass ein Sehnsuchtsmotiv angeschlagen wird. Diesem kann in der Folge weiter nachgegangen werden. Das Gedicht eignet sich wegen seiner einfachen Form gut dazu, die Methode der selbstständigen Interpretation zu festigen. Daher kann die Arbeitsfrage bewusst offengehalten werden:

- *Interpretieren Sie das vorliegende Gedicht.*

Johann Wolfgang Goethe: Mignon

Landschaft	Haus	Weg
Zitronen, Orangen sanfter Wind Myrthe, Lorbeer	Marmorbild Säulen	Nebel, Drachen
arkadische Landschaft	Kunst / Kultur	Herausforderung

Beschreibung eines idealen Ortes

direkte Ansprache („Kennst du das Land …")

Schilderung Italiens als Sehnsuchtsort, an dem sich sinnlicher und künstlerischer Genuss vereinigen lassen, Gegenbild zu Goethes Weimarer Existenz

Abschließend kann der in der Kurzinterpretation bereits angerissene biografische Bezug dieses Gedichts näher in den Blick genommen werden:

- *Informieren Sie sich über Goethes Tätigkeit als Minister in Weimar und darüber, wie sie sich auf seine dichterische Tätigkeit auswirkte.*
- *Interpretieren Sie vor diesem Hintergrund das Gedicht.*

Angesichts der gewaltigen Italien-Begeisterung, die dieses Gedicht und Goethes Italienreise auslösten, kann die Beschäftigung mit „Mignon" auch den Anlass eines (evtl. sogar fächerverbindenden) Projekts bilden:

- *Gestalten Sie eine Ausstellung/einen Themenabend zum Thema „Italien". Bilden Sie im Kurs verschiedene Gruppen, die sich mit einem der nachfolgenden Aspekte auseinandersetzen. Die Liste kann je nach Interesse noch erweitert werden.*
  - *Goethes Italienreise*
  - *Italien in literarischen Texten des 19. Jahrhunderts*
  - *Italienische Literatur*
  - *Deutschland in den Augen der Italiener (Reiseberichte aus verschiedenen Epochen)*
  - *„Drei kleine Italiener" – Italien in der populären Musik seit den 1950er-Jahren*
  - *Geografie Italiens*
  - *Italientourismus heute*
  - *Grundzüge italienischer Geschichte*

2.6 Das Verhältnis zum Irrationalen – Erlkönig

Kurzinterpretation

Das Interesse an der Ballade (**Arbeitsblatt 16**, S. 78) ging im Sturm und Drang einher mit dem Interesse am Volkslied, mit dem sie das Ungekünstelte und Naive zu teilen schien. Typisch für die Ballade des Sturm und Drang ist hierbei der Einbruch des Dämonischen und

Geheimnisvollen in die vertraute Realität, wodurch sie zu einem bevorzugten Medium wird, sich mit der einseitig rationalen Natursicht der Aufklärung auseinanderzusetzen und dieser in populärer Form ein ambivalentes Naturbild entgegenzustellen.
Eines der berühmtesten Beispiele für eine solche Schauerballade ist Goethes „Erlkönig", den dieser in die Einleitung seines 1782 erschienenen Singspiels „Die Fischerin" einfügte, das er für ein Fest der Herzoginmutter Anna Amalia verfasst hatte. Der Bezug zu dem Drama kann aber vernachlässigt werden, da die Ballade eingangs des Spiels von einer Fischerin gesungen wird, die auf die Rückkehr ihres Vaters und ihres Verlobten wartet, und ohne weitere Bedeutung für das im Übrigen belanglose Auftragsstück bleibt.
Der Titel geht auf einen Übersetzungsfehler Herders zurück, durch den Goethe mit dem Stoff vertraut gemacht wurde. Dieser hatte bei der Übersetzung eines dänischen Volksliedes das Wort „ellerkonge" (Elfenkönig) fälschlich mit Erlkönig übersetzt, was Goethe übernommen hat. Die Ballade besteht aus acht vierzeiligen Strophen, die durchgehend den Paarreim und männliche Kadenzen verwenden. Als Metrum ist überwiegend ein vierhebiger Jambus auszumachen, der jedoch in den Redeanteilen des Erlkönigs teilweise in einen Daktylus übergeht. „Der Verführer kennt sein Handwerk. Die Verse geraten ins Springen, wo er beginnt; Daktylen ungefähr, anstatt Jamben. Was er anbietet sind des Kinderverführers übliche Versprechen: gar schöne Spiele."[1]
Inhaltlich wird die Begegnung eines Menschen mit einem nicht menschlichen Wesen geschildert, wobei der Realitätsgehalt des vom Kind Wahrgenommenen in der Schwebe bleibt. Das Gedicht beginnt mit der Schilderung eines Mannes mit seinem Sohn auf dem Arm. Ab der zweiten Strophe wird der epische Bericht aufgelöst in einen Wechsel von Rede und Gegenrede, wobei in die Unterhaltung von Vater und Sohn die Verlockungen des Erlkönigs eingestreut sind. Der Vater nimmt hierbei gegenüber der naturmagischen Sicht des Kindes eine rationalistische Weltsicht ein, die sich bemüht, eine „vernünftige" Erklärung für die vom Kind geschilderten Eindrücke zu finden. Der Tod des Kindes gibt seinen Worten allerdings besonderes Gewicht, auch wenn andere Erklärungen (Fieber) seine Eindrücke ebenso erklären können, wenngleich der Text für eine solche Lesart keine Hinweise bietet.

Hinweise für den Einsatz im Unterricht

Das Verständnis des Gedichtes dürfte für Schüler der Oberstufe keine besondere Herausforderung darstellen. Das Gedicht kann nach einem interpretierenden Vortrag, den die Schüler etwa als Hausaufgabe vorbereiten können, zunächst im Unterrichtsgespräch erarbeitet werden, soll in der Folge aber vor allem dadurch erschlossen werden, dass die Schüler sich mit verschiedenen Interpretationen aus der Feder von Literaturwissenschaftlern auseinandersetzen **(Arbeitsblatt 17,** S. 79 ff.), um einen Eindruck von den vielschichtigen Deutungsmöglichkeiten zu erhalten, die selbst ein vermeintlich so einfacher Text wie der „Erlkönig" bietet. Hierbei sollen den Schülern die Auszüge zunächst vorgelegt werden, die dann in arbeitsteiliger oder arbeitsgleicher Gruppenarbeit untersucht werden können.

- *Fassen Sie die Ihnen vorgelegten Interpretationsansätze möglichst präzise und mit eigenen Worten zusammen.*
- *Ermitteln Sie den Hintergrund, vor dem der Verfasser zu seiner Deutung gelangt.*
- *Diskutieren Sie die Tragfähigkeit der Ansätze.*

[1] Mann, Golo: Die Urballade. In: Reich-Ranicki, M. (Hrsg.): Goethe. Verweile doch. 111 Gedichte mit Interpretationen. Frankfurt 1997, S. 139

Positionen der Literaturwissenschaft zu Goethes „Erlkönig"

E. Staiger (1952)	W. Freund (1978)	G. Ueding (1988)	Stockhammer (1998)
Schilderung des Rittes als Begegnung mit dämonischen Mächten, aber Abkehr von der Stilisierung als Initiation durch Naturbegegnung	Stilisierung des gescheiterten Aufbegehrens der Stürmer und Dränger in der Gestalt des halluzinierenden Kindes, dem eine aufgeklärte Vatergestalt entgegengestellt wird	Tod des Knaben beweist Scheitern der aufgeklärten Sicht des Vaters Überwältigung des Knaben durch Verlockung seitens der Natur (Todessehnsucht)	Störung der Familienstrukturen um 1800 Fremdheit des Vaters in der Familie
biografischer Ansatz	**sozialgeschichtlicher Ansatz**	**ideengeschichtlicher Ansatz**	**soziologischer Ansatz**

Abschließend kann die vertiefte Beschäftigung mit den Entstehungsbedingungen und Interpretationsmöglichkeiten noch nutzbar gemacht werden, um auf dem Wege des *learning by teaching* jüngeren Schülern bei der Interpretation dieser Ballade zu helfen. In Form eines Projekts sollen die Schüler die Ballade so erläutern, dass sie jüngeren Schülern bei der Interpretation hilft.

- *Verfassen Sie ein Interview mit Johann Wolfgang von Goethe, in dem dieser über Entstehung und Interpretation Auskunft gibt. Gestalten Sie das Interview so, dass es geeignet erscheint, Schülern einer siebten Klasse bei der Interpretation des Gedichts zu helfen bzw. ihnen dieses zu erschließen.*

Notizen

Wandrers Nachtlied/Ein Gleiches

Wandrers Nachtlied (1776)

Der du von dem Himmel bist,
Alles Leid und Schmerzen stillest,
Den, der doppelt elend ist,
Doppelt mit Erquickung füllest;
Ach, ich bin des Treibens müde!
Was soll all die Qual (der Schmerz) und Lust?
Süßer Friede,
Komm, ach komm in meine Brust!
(v 1789)

Goethe auf dem Kickelhahn. Zeichnung von Waldemar Friedrich, um 1900

Das folgende Gedicht wurde von Goethe am Abend des 6. September 1780 ohne Titel mit Bleistift an die Wand einer Jagdhütte geschrieben. Erst mit seiner ersten Druckfassung 1815 erhielt es seinen Titel *Ein Gleiches,* der sich auf das zuvor abgedruckte *Wandrers Nachtlied* bezieht.

Ein Gleiches (6. September 1780)

Über allen Gipfeln
Ist Ruh,
In allen Wipfeln
Spürest du
Kaum einen Hauch;
Die Vögelein schweigen im Walde.
Warte nur, balde
Ruhest du auch.
(v 1815)

Beide Gedichte: Hamburger Ausgabe. Band 1. Gedichte und Epen. Herausgegeben von Erich Trunz. München: 16. Auflage 1996, S. 142

- *Fertigen Sie eine metrische Analyse des Gedichts an und überprüfen Sie, inwiefern metrische Form und Inhalt miteinander korrespondieren.*
- *Gliedern Sie das Gedicht unter dem Gesichtspunkt der beschriebenen Örtlichkeiten und untersuchen Sie, was den jeweiligen Orten zugeordnet wird.*
- *Unternehmen Sie abschließend eine Deutung der letzten beiden Verse.*
- *Analysieren Sie das Gedicht „Wandrers Nachtlied" und vergleichen Sie es formal und inhaltlich mit „Ein Gleiches". Gehen Sie hierbei auch auf die Frage ein, warum Goethe das zweite Gedicht mit „Ein Gleiches" betiteln konnte.*

Bertolt Brecht: Liturgie vom Hauch

Bertolt Brecht

1
Einst kam ein altes Weib einher
2
Die hatte kein Brot zum Essen mehr
3
Das Brot, das fraß das Militär
4
Da fiel sie in die Goss', die war kalte
5
Da hatte sie keinen Hunger mehr.
6
Darauf schwiegen die Vöglein im Walde
Über allen Wipfeln ist Ruh
In allen Gipfeln spürest du
Kaum einen Hauch.
7
Da kam einmal ein Totenarzt einher
8
Der sagte: Die Alte besteht auf ihrem Schein
9
Da grub man die hungrige Alte ein
10
So sagte das alte Weib nichts mehr
11
Nur der Arzt lachte noch über die Alte.
12
Auch die Vöglein schwiegen im Walde
Über allen Wipfeln ist Ruh
In allen Gipfeln spürest du
Kaum einen Hauch.
13
Da kam einmal ein einziger Mann einher
14
Der hatte für die Ordnung keinen Sinn
15
Der fand in der Sache einen Haken drin
16
Der war eine Art Freund für die Alte
17
Der sagte, ein Mensch müsse essen können, bitte sehr
18
Darauf schwiegen die Vöglein im Walde
Über allen Wipfeln ist Ruh
In allen Gipfeln spürest du
Kaum einen Hauch.
19
Da kam mit einemmal ein Kommissar einher
20
Der hatte einen Gummiknüppel dabei
21
Und zerklopfte dem Mann seinen Hinterkopf zu Brei
22
Und da sagte auch dieser Mann nichts mehr
23
Doch der Kommissar sagte, daß es schallte:
24
Und jetzt schweigen die Vöglein im Walde
Über allen Wipfeln ist Ruh
In allen Gipfeln spürest du
Kaum einen Hauch.
25
Da kamen einmal drei bärtige Männer einher
26
Die sagten, das sei nicht eines einzigen Mannes Sache allein.
27
Und sie sagten es so lang, bis es knallte
28
Aber dann krochen Maden durch ihr Fleisch in ihr Bein
29
Da sagten die bärtigen Männer nichts mehr.
30
Darauf schwiegen die Vöglein im Walde
Über allen Wipfeln ist Ruh
In allen Gipfeln spürest du
Kaum einen Hauch.
31
Da kamen mit einemmal viele Männer einher
32
Die wollten einmal reden mit dem Militär

33
Doch das Militär redete mit dem Maschinengewehr
34
Und da sagten alle die Männer nichts mehr.
35
Doch sie hatten auf der Stirn noch eine Falte.
36
Darauf schwiegen die Vöglein im Walde
Über allen Wipfeln ist Ruh
In allen Gipfeln spürest du
Kaum einen Hauch.
37
Da kam einmal ein großer roter Bär einher[1]
38
Der wußte nichts von den Bräuchen hier, das brauchte er nicht als Bär.
39
Doch er war nicht von gestern und ging nicht auf jeden Teer.
40
Und der fraß die Vöglein im Walde.
41
Da schwiegen die Vöglein nicht mehr
Über allen Wipfeln ist Unruh
In allen Gipfeln spürest du
Jetzt einen Hauch.

[1] Anspielung auf die Russische Oktoberrevolution von 1917

Bertolt Brecht: Liturgie vom Hauch. In: Ausgewählte Werke in sechs Bänden. Gedichte I. Frankfurt am Main: Suhrkamp 1997
Aus lizenzrechtlichen Gründen nicht in reformierter Schreibung

- *Interpretieren Sie dieses Gedicht und stellen Sie die deutlich werdenden Konflikte in einem Schaubild dar.*
- *Untersuchen Sie die verwendeten sprachlichen Mittel und vergleichen Sie diese mit „Ein Gleiches".*
- *Vergleichen Sie die Anklänge an „Ein Gleiches" mit dem Original und versuchen Sie, eine Erklärung für die Veränderungen zu finden.*
- *Deuten Sie die Bildelemente der Goethe-Parodie vor dem Hintergrund des Geschehens in diesem Gedicht und interpretieren Sie die Abänderung des Refrains im letzten Teil.*
- *Erörtern Sie, ob die Kritik Brechts Goethe selbst oder nur seiner Rezeption gilt.*

An den Mond

An den Mond

Füllest wieder Busch und Tal
Still mit Nebelglanz,
Lösest endlich auch einmal
Meine Seele ganz;

Breitest über mein Gefild[1]
Lindernd deinen Blick,
Wie des Freundes Auge mild
Über mein Geschick.

Jeden Nachklang fühlt mein Herz
Froh und trüber Zeit,
Wandle zwischen Freud' und Schmerz
In der Einsamkeit.

Fließe, fließe, lieber Fluss!
Nimmer werd' ich froh;
So verrauschte Scherz und Kuss
Und die Treue so.

Ich besaß es doch einmal,
Was so köstlich ist!
Dass man doch zu seiner Qual
Nimmer es vergisst!

Rausche, Fluss, das Tal entlang,
Ohne Rast und Ruh,
Rausche, flüstre meinem Sang
Melodien zu,

Wenn du in der Winternacht
Wütend überschwillst,
Oder um die Frühlingspracht
Junger Knospen quillst.

Selig, wer sich vor der Welt
Ohne Hass verschließt,
Einen Freund am Busen hält
Und mit dem genießt,

Was, von Menschen nicht gewusst
Oder nicht bedacht,
Durch das Labyrinth der Brust
Wandelt in der Nacht.
(v 1789)

Hamburger Ausgabe. Band 1. Gedichte und Epen. Herausgegeben von Erich Trunz. München: 16. Auflage 1996, S. 129f.

Johann Wolfgang Goethe: Aufgehender Mond am Fluss (1779)

- *Unterstreichen Sie beim Lesen zentrale Begriffe, die Ihrer Meinung nach die von dem Gedicht ausgehenden Stimmungen besonders widerspiegeln.*
- *Gliedern Sie das Gedicht in Sinnabschnitte und kennzeichnen Sie die in diesem Abschnitt vorherrschende Stimmung.*
- *Untersuchen Sie das Verhältnis des lyrischen Ichs zur Natur einerseits und zur Gesellschaft/zu den Menschen andererseits.*
- *Ermitteln Sie, in welcher Weise das lyrische Ich seine Trauer verarbeitet.*

---

1 Gegend, Landschaft

Die folgende Fassung fand sich unter den Briefen, die Goethe an Charlotte von Stein geschrieben hatte. Sie entstand wahrscheinlich um 1777 und wurde zu Lebzeiten Goethes nicht veröffentlicht.

An den Mond

Füllest wieder ’s liebe Thal
Still mit Nebelglanz,
Lösest endlich auch einmal,
Meine Seele ganz.

Breitest über mein Gefild,
Lindernd deinen Blick,
Wie der Liebsten Auge, mild
Über mein Geschick.

Das du so beweglich kennst
Dieses Herz im Brand,
Haltet ihr wie ein Gespenst
An den Fluss gebannt,

Wenn in öder Winternacht
Er vom Tode schwillt,
Und bei Frühlingslebens Pracht
an den Knospen quillt.

Seelig, wer sich vor der Welt
ohne Hass verschließt,
einen Mann am Busen hält
und mit dem genießt,

Was den Menschen unbewusst
oder wohl veracht’,
durch das Labyrinth der Brust
wandelt in der Nacht.

Hamburger Ausgabe. Band 1. Gedichte und Epen. Herausgegeben von Erich Trunz. München: 16. Auflage 1996, S. 128f.

Charlotte von Stein (1742–1827). Silberstiftzeichnung. Vermutlich Selbstportrait

- *Informieren Sie sich in einem Nachschlagewerk oder im Internet über Charlotte von Stein und ihre Beziehung zu Goethe.*
- *Vergleichen Sie anschließend vor dem Hintergrund dieser biografischen Informationen die beiden Fassungen miteinander und versuchen Sie, die Unterschiede zu erklären.*
- *Interpretieren Sie das Gedicht vor dem Hintergrund der Beziehung Goethes zur Autorin.*

● ● ● ● ● ● ● ● ● ●

__________________ (1781)

Wenn der uralte,
Heilige Vater
Mit gelassener Hand
Aus rollenden Wolken
Segnende Blitze
Über die Erde sät,
Küss' ich den letzten
Saum seines Kleides,
Kindlicher Schauer
Treu in der Brust.

Denn mit Göttern
Soll sich nicht messen
Irgendein Mensch.
Hebt er sich aufwärts
Und berührt
Mit dem Scheitel die Sterne,
Nirgends haften dann
Die unsichern Sohlen,
Und mit ihm spielen
Wolken und Winde

Steht er mit festen,
Markigen Knochen
Auf der wohlgegründeten
Dauernden Erde:
Reicht er nicht auf,
Nur mit der Eiche
Oder der Rebe
Sich zu vergleichen.

Was unterscheidet
Götter von Menschen?
Dass viele Wellen
Vor jenen wandeln,
Ein ewiger Strom:
Uns hebt die Welle,
Verschlingt die Welle,
Und wir versinken.

Ein kleiner Ring
Begrenzt unser Leben,
Und viele Geschlechter
Reihen sich dauernd
An ihres Daseins
Unendliche Kette.
(v 1789)

__________________ (1783)

Edel sei der Mensch,
Hilfreich und gut!
Denn das allein
Unterscheidet ihn
Von allen Wesen,
Die wir kennen.

Heil den unbekannten
Höhern Wesen,
Die wir ahnen!
Ihnen gleiche der Mensch!
Sein Beispiel lehr' uns
Jene glauben.

Denn unfühlend
Ist die Natur:
Es leuchtet die Sonne
Über Bös' und Gute,
Und dem Verbrecher
Glänzen, wie dem Besten
Der Mond und die Sterne.

Wind und Ströme,
Donner und Hagel
Rauschen ihren Weg
Und ergreifen,
Vorübereilend,
Einen um den andern.

Auch so das Glück
Tappt unter die Menge,
Fasst bald des Knaben
Lockige Unschuld,
Bald auch den kahlen
Schuldigen Scheitel.

Nach ewigen, ehrnen,
Großen Gesetzen
Müssen wir alle
Unseres Daseins
Kreise vollenden.

Nur allein der Mensch
Vermag das Unmögliche:
Er unterscheidet,
wählet und richtet;
Er kann dem Augenblick
Dauer verleihen.

Er allein darf
Den Guten lohnen,
Den Bösen strafen,
Heilen und retten,
Alles Irrende, Schweifende
Nützlich verbinden.

Und wir verehren
Die Unsterblichen,
Als wären sie Menschen,
Täten im Großen,
Was der Beste im Kleinen
Tut oder möchte.

Der edle Mensch
Sei hilfreich und gut!
Unermüdet schaff' er
Das Nützliche, Rechte,
Sei uns ein Vorbild
Jener geahneten Wesen!
(v 1789)

Hamburger Ausgabe. Band 1. Gedichte und Epen. Herausgegeben von Erich Trunz. München: 16. Auflage 1996, S. 146–149

■ *Die beiden Gedichte wurden von Goethe mit den Titeln „Das Göttliche" und „Grenzen der Menschheit" versehen. Weisen Sie den Gedichten jeweils einen der beiden Titel zu und begründen Sie Ihre Auswahl.*

Arbeitsaufträge für das Gruppenpuzzle

Erarbeiten Sie zunächst in Gruppen jeweils ein Gedicht. Finden Sie sich anschließend in neu zusammengesetzten Gruppen zusammen, in denen mindestens zwei Experten für jedes Gedicht vorhanden sein sollten. Stellen Sie sich in diesen Gruppen ihre jeweiligen Arbeitsergebnisse vor und bearbeiten Sie den weitergehenden Arbeitsauftrag:

Grenzen der Menschheit

- *Verfassen Sie eine kurze Inhaltsangabe, in der Sie den Argumentationsgang des Gedichts wiedergeben.*
- *Erarbeiten Sie die Einstellung des lyrischen Ichs zur Gottheit und erläutern Sie die Grenzen, die dem Menschen gesetzt sind. Erklären Sie hierbei auch die Metapher der Welle.*
- *Erläutern Sie, auf welche Weise der Mensch seine gezogenen Grenzen überwinden kann. Erklären Sie hierbei auch die Metapher des Ringes bzw. der Kette.*
- *Bereiten Sie sich darauf vor, Ihre Ergebnisse den Mitgliedern der anderen Gruppe geordnet und verständlich wiederzugeben.*

Das Göttliche

- *Verfassen Sie eine kurze Inhaltsangabe, in der Sie den Argumentationsgang des Gedichts wiedergeben.*
- *Erarbeiten Sie das im Gedicht deutlich werdende Verhältnis von göttlicher, menschlicher und natürlicher Sphäre heraus.*
- *Erläutern Sie, auf welche Weise der Mensch die Grenzen, die ihm von der Natur gezogen sind, überwinden kann.*
- *Bereiten Sie sich darauf vor, Ihre Ergebnisse den Mitgliedern der anderen Gruppe geordnet und verständlich wiederzugeben.*

	Prometheus (1774)	Grenzen der Menschheit (1781)	Das Göttliche (1783)
Menschenbild			
Gottesbild			
Verhältnis von Mensch und Gott			
sprachliche Gestaltung			

- *Füllen Sie die Tabelle aus und vergleichen Sie Ihre Ergebnisse mit der Darstellung in dem Gedicht „Prometheus".*
- *Vergleichen Sie die sprachliche Gestaltung der drei Gedichte und tragen Sie auch diese Ergebnisse in das Arbeitsblatt ein.*
- *Versuchen Sie, vor dem Hintergrund Ihres literaturgeschichtlichen Wissens eine Erklärung für die Unterschiede zu finden.*

Mignon

Blick nach Italien vom Gotthard. Bleistift und Tuschzeichnung Goethes vom 22.6.1775

Mignon (1782/83)

Kennst du das Land, wo die Zitronen blühn,
Im dunklen Laub die Goldorangen glühn,
Ein sanfter Wind vom blauen Himmel weht,
Die Myrte still und hoch der Lorbeer steht?
Kennst du es wohl?
Dahin, dahin
Möcht ich mit dir, o mein Geliebter, ziehn!

Kennst du das Haus? Auf Säulen ruht sein Dach.
Es glänzt der Saal, es schimmert das Gemach,
Und Marmorbilder stehn und sehn mich an:
Was hat man dir, du armes Kind, getan? –
Kennst du es wohl?
Dahin, dahin
Möcht ich mit dir, o mein Beschützer, ziehn!

Kennst du den Berg und seinen Wolkensteg?
Das Maultier sucht im Nebel seinen Weg.
In Höhlen wohnt der Drachen alte Brut.
Es stürzt der Fels und über ihn die Flut.
Kennst du ihn wohl?
Dahin, dahin
Geht unser Weg. O Vater, lass uns ziehn!
(v 1795)

Wilhelm Meisters Wanderjahre. In: Hamburger Ausgabe. Band 7. Romane und Novellen III. Herausgegeben von Erich Trunz. München: 14. Auflage 1996, S. 145

- *Mit welchem Land bringen Sie die Schilderung in Verbindung? Für wie real halten Sie diese Beschreibung?*
- *Informieren Sie sich über Goethes Tätigkeit als Minister in Weimar und darüber, wie sie sich auf seine dichterische Tätigkeit auswirkte.*
- *Interpretieren Sie vor diesem Hintergrund das Gedicht.*

Erlkönig

Erlkönig (1782)

Wer reitet so spät durch Nacht und Wind?
Es ist der Vater mit seinem Kind;
Er hat den Knaben wohl in dem Arm,
Er fasst ihn sicher, er hält ihn warm. –

Mein Sohn, was birgst du so bang dein Gesicht? –
Siehst, Vater, du den Erlkönig nicht?
Den Erlenkönig mit Kron' und Schweif? –
Mein Sohn, es ist ein Nebelstreif. –

„Du liebes Kind, komm, geh mit mir!
Gar schöne Spiele spiel' ich mit dir;
Manch' bunte Blumen sind an dem Strand,
Meine Mutter hat manch' gülden Gewand."

Mein Vater, mein Vater, und hörest du nicht,
Was Erlenkönig mir leise verspricht? –
Sei ruhig, bleibe ruhig, mein Kind;
In dürren Blättern säuselt der Wind. –

„Willst, feiner Knabe, du mit mir gehn?
Meine Töchter sollen dich warten schön;
Meine Töchter führen den nächtlichen Reihn
Und wiegen und tanzen und singen dich ein."

Mein Vater, mein Vater, und siehst du nicht dort
Erlkönigs Töchter am düstern Ort? –
Mein Sohn, mein Sohn, ich seh es genau;
Es scheinen die alten Weiden so grau. –

„Ich liebe dich, mich reizt deine schöne Gestalt;
Und bist du nicht willig, so brauch' ich Gewalt." –
Mein Vater, mein Vater, jetzt fasst er mich an!
Erlkönig hat mir ein Leids getan! –

Dem Vater grauset's; er reitet geschwind,
Er hält in Armen das ächzende Kind,
Erreicht den Hof mit Mühe und Not;
In seinen Armen das Kind war tot.
(v 1782)

Hamburger Ausgabe. Band 1. Gedichte und Epen. Herausgegeben von Erich Trunz. München: 16. Auflage 1996, S. 154f.

Gustav Heinrich Nacke (1786–1835): Erlkönig, um 1820

Positionen der Literaturwissenschaft zum Erlkönig

Winfried Freund

Halluzinatorische und realistische Sichtweisen stehen sich in der Ballade im Vater-Sohn-Dialog gegenüber. Die bisherigen Interpreten haben in dieser dialogischen Gestaltung ausnahmslos das Aufeinanderprallen von Aufklärung und Sturm und Drang sehen wollen. Rationales Erkennen, wie es etwa in der Wortwahl „genau" zum Ausdruck kommt, und emotionales Schauen, dem zweifellos die Sympathien der Interpreten gehören, sollen sich demnach konfrontiert sehen. Richtig ist daran, dass sich in der Tat zwei unvereinbare Positionen gegenüberstehen, aber es erhebt sich weiterhin die Frage, ob denn das Kind wirklich recht behält und ob die Position des Vaters nicht doch zu einseitig beurteilt worden ist. Die übliche Parteinahme ist umso fragwürdiger, da nicht das Kind, sondern der Vater den nächtlichen Ritt überlebt. Immerhin erweist sich also der Realist auch als der Lebenstüchtigere. Während das Kind ganz von der eigenen Phantasmagorie gebannt ist, nimmt der Vater gewissenhaft seine Aufgabe wahr, Schutz und Geborgenheit zu spenden und wird damit der Vaterrolle gerecht. Seine Anstrengungen schlagen jedoch fehl: Das Kind ist rettungslos verloren in der Welt seiner Halluzinationen, ein Opfer der eigenen maßlosen Einbildungskraft.

Die bisher dargelegte Auffassung lässt dem Vater größere Gerechtigkeit widerfahren und kommt auch Goethes eigener Anschauung wesentlich näher als die Parteinahme für das die realen Naturgrenzen übersteigende Kind. [...]

So gesehen, hat nicht das Kind recht, das noch Spielball seiner ungezügelten Fantasie ist, sondern der Vater, weil er einen höheren Reifegrad erreicht hat. Reife bedeutet hier nichts anderes als die Fähigkeit, die eigene Orientierung nach dem Realitätsprinzip ausrichten zu können. Er vermag daher die schemenhaften Erscheinungen und die vagen Geräusche der Nacht einzuordnen, indem er ihnen ihren Platz innerhalb der Grenzen der Realität anweist. Erst der Wirklichkeitssinn gibt allen Dingen Maß und Gesetz, während die von der Wirklichkeit abgelöste Einbildungskraft alles ins Maß- und Formlose verzerrt. [...]

Über die rein psychische darf aber nicht die kultur- und literaturgeschichtliche Dimension vergessen werden. Beide bedingen sich gegenseitig. Man geht wohl nicht fehl, wenn man in dem tragisch untergehenden Kind die junge Literatengeneration abgebildet sieht. Besonders Reinhold Michael Lenz war für Goethe ein abschreckendes Beispiel. Die Verfallenheit an die wild wuchernde Einbildungskraft teilt er mit dem Kind in der Ballade. [...]

Nicht nur entwicklungspsychologisch also, sondern auch allgemein geistesgeschichtlich lässt sich das Kind als Repräsentant einer Entwicklungsstufe auffassen, die des gesetz- und formgebenden Regulativs der Wirklichkeit bedarf, um nicht ins Chaotische und Anarchische abzugleiten und darin umzukommen, was ja bei Lenz tatsächlich der Fall war. Für das Kind ist die Welt wie für die Vertreter der Geniezeit etwas in letzter Konsequenz Unbegreifliches und Geheimnisvolles. Verlorensein und Verlassenheit beherrschen das Bewusstsein.

Die rationalisierte Verwaltung, der reglementierende Beamtenstaat und der aufklärerische Reformgeist, der die Wirklichkeit in den Griff zu bekommen trachtete, bildeten den einen Ursachenkomplex für das Aufbegehren der jungen Generation, die gegen die friderizianische Ordnungsplanung die Willkür ihrer Fantasie setzte. In der zunehmenden Disziplinierung sah man eine Gefahr für das naturgemäße organische Wachstum, für eine progressive Entwicklung überhaupt. Symptomatisch wie für jede Art revolutionärer Gegenbewegung war es aber, dass das Pendel auch hier in die extrem entgegengesetzte Richtung ausschlug, indem gegen die Ordnung der Vernunft die Anarchie des Gefühls und gegen die Transparenz der Lebensbedingungen ein wachsender Obskurantismus gesetzt wurde. Allerdings – und darin kommt die andere Ursache zum Tragen – trifft diese Entwicklung streng genommen nur für das mittlere Bürgertum zu. [...]

Angesichts der desolaten wirtschaftlichen Zustände, die das Bewusstsein des Verlorenseins und der Verlassenheit hinreichend erklären, lag es insbesondere für das gebildete mittlere Bürgertum nahe, sein Heil in einem ausschweifenden Gefühls- und Leidenskult zu suchen. Der aufklärerische Optimismus, der zunächst allen das Glück verheißen hatte, wich einem tragischen Untergangspathos.

In dem wirtschaftsgeschichtlich bereiteten Boden hat die im Geiste der Volksballade neu poetisierte Kunstballade ihre Wurzeln. Tragisch zugespitzt, erscheinen im Kind der Ballade die durch die wirtschaftliche Situation heraufbeschworenen verinnerlichten Konflikte. Im Leiden und Untergang des Kindes spiegelt sich das tragische Lebensgefühl der jungen Generation aus der Mittelschicht. Aber dies ist nur die eine Seite der dialogisch strukturierten Ballade. Im Vergleich mit seinem Sohn ist der Vater nicht einfach der Aufklärer, sondern derjenige, der, indem er die einzelnen Erscheinungen benennt, die von der Natur gezogenen Grenzen respektiert. Dieser realistischen Erkenntnishaltung steht die fantastische des Kindes gegenüber, das die eigenen Vorstellungen der Erscheinungswelt überordnet. Sentimentalische und naive Bewusstseinshaltung, um das Schiller'sche Begriffspaar zu gebrauchen, werden hier relativ schroff konfrontiert. Was sich im Vater verkörpert findet, ist die objektive, selbstbewusste Haltung des erfolgreichen Großbürgertums, dessen politisch-wirtschaftliche Interessen mit denen des Adels in vielfältiger Weise verflochten waren, eine Verflechtung, die den Nährboden für das klassische Harmoniemodell abgab.

Goethe, den nach Hauser eine „tiefe Sympathie für den soliden Realismus, die Disziplin, das Arbeitsethos und die Toleranz des Bürgertums"[1] auszeichnete, dürfte dem Vater, der die Dinge klar benennt und seine ihm zugedachte Schutzaufgabe gewissenhaft erfüllt, auf jeden Fall eigene Züge verliehen haben, während sich im Kind allenfalls überwundene schwärmerische Neigungen abbilden. „Das Selbstbewusstsein des achtbaren Bürgers und des anerkannten Künstlers ist bei Goethe bereits so stark", meint Hauser, „dass er sowohl in seiner Kunst als in seiner Lebensführung alles Extravagante zu vermeiden suchte und gegen das Unsolide und Ungediegene, den Hang zum Chaotischen und Pathologischen, ... eine ganz besondere Aversion empfindet."[2] Das Grausen des Vaters ließe sich in dieser Sicht verstehen als Ausdruck der völligen Abneigung dem fantastischen Exzess gegenüber. Auch der Tod des Kindes erscheint dann plötzlich in einer ganz anderen Perspektive. Er signalisiert nicht die Ohnmacht angesichts einer magisch destruktiven Natur, sondern die Übermacht einer chaotisch destruktiven Einbildungskraft.

Nicht zufällig gestaltet Goethe die fantastische Motivik der Ballade, distanziert durch das Medium des Kindes, eben um eine solche Erkenntnishaltung als unreif und unmündig zu entlarven. Die pathologische Störung und Zerstörung des Realitätsbezugs muss dem unentwegt halluzinierenden Subjekt notwendig die Existenzbasis entziehen. Nichts anderes kommt in dem Tod des Kindes zum Ausdruck. Goethe distanziert sich auch in der Erlkönig-Ballade von der Geniezeit, indem er in der Vaterfigur einen überlegenen Menschen darstellt, der geistig und altersmäßig noch in die Zeit der Aufklärung zurückweist, ohne in ihr aufzugehen. Obwohl gleichaltrig mit den meisten Repräsentanten der Geniezeit, lässt Goethe in seiner Autobiografie immer wieder durchblicken, wie viel er vom Geist der Aufklärung selbst in sich aufgenommen hat. Die Ballade vom Erlkönig lässt sich als der didaktische Versuch deuten, das Bürgertum im Medium der Volksballade von Irrealismus und Obskurantentum zu befreien und es davor zu bewahren.

Aus: Winfried Freund: Die Deutsche Ballade. Paderborn: Ferdinand Schöningh 1978, S. 31–33

Gerd Ueding

Nach einer Erzählerstrophe am Anfang, die die Situation beschreibt, folgt in der zweiten Strophe der Dialog zwischen Vater und Sohn, der ihre unterschiedliche Erfahrung der äußeren Natur gegeneinanderstellt; von der dritten bis zur sechsten Strophe lösen sich die Verführungsreden des Erlkönigs und der Vater-Sohn-Dialog strophenweise ab, bis beide Redesphären in einer, der vorletzten Strophe, ehe der Erzähler das Gedicht abschließt, zusammengeführt werden und dieser Zusammenstoß auch zugleich die Krise bringt. [...] alle drei Figuren sind allemal poetische Wesen, sie sind Kunstfiguren, als solche verweisen sie zwar auf verschiedene Sphären, die sich offenbar im Gespräch nur teilweise überschneiden (Schnittpunkt ist der Sohn), ästhetisch aber gehören sie einer gemeinsamen Wirklichkeit an. Sie stehen als poetische Chiffren verschiedener Welt- und Naturbeziehungen, die in einer entscheidenden Phase in Konflikt miteinander geraten: Diesen Konflikt schildert das Gedicht als Gefahrensituation eines nächtlichen Ritts.

[...] Betrachtet man das Gespräch zwischen Vater und Sohn als die Konfrontation zweier Naturansichten, einer qualitativen, subjekthaften, sich in anschaulichen Gestalten herausbildenden Natur und einer quantitativen, funktionalisierten, pragmatischen Natur, so kann keine Unsicherheit darüber bestehen, wer zuletzt recht behält. Den rationalistischen Argumenten des Vaters vermag das Kind, vermag die kindliche Anschauung nur in mythologischen Bildern zu antworten, doch ist die ganze Existenz des Knaben davon erfasst, und zuletzt steht er für seine Sicht der Dinge mit dem Leben ein. Wenn der Vater den Hof, den sicheren Hort des zivilisierten Lebens und gleichsam Stammhaus der instrumentellen Vernunft nur „mit Mühe und Not" (31) erreicht, so ist damit, auch unabhängig von der Entdeckung des toten Kindes, dem die väterliche Verständigung nicht zu helfen vermochte, die geringe Tragfähigkeit der eigenen Position erwiesen, die durch den letzten Schrei des Kindes „Erlkönig hat mir ein Leids getan!" (28) schon genug erschüttert war: „Dem Vater grauset's, er reitet geschwind ..." (29). Die Natur, die das Kind sieht, erlebt, erleidet, ist die wahre, lebendige Natur [...]. Die Naturansicht des Vaters aber entpuppt sich als

1 F.-W. Henning: Das vorindustrielle Deutschland 800 bis 1800. Paderborn 1978, S. 283

2 Arnold Hauser: Sozialgeschichte der Kunst und Literatur. München 1969, S. 646

bloße rationalistische Konstruktion, als verständiger Schein und vernünftige Täuschung.

Gert Ueding: Vermählung mit der Natur. Zu Goethes *Erlkönig*. In: Gunter E. Grimm (Hrsg.): Gedichte und Interpretationen. Deutsche Balladen. Stuttgart: Reclam, 1988, S. 93–107, hier: S. 98–103

Robert Stockhammer

Auch der unerklärliche Tod des Kindes im *Erlkönig*, das offenbar keine Geschwister hat („der Vater mit s e i n e m Kind“; Hervorhebung R. St.), erfolgt in Abwesenheit der Mutter. Der Erlkönig hingegen präsentiert sich als Zentrum einer Großfamilie mit drei Generationen, deren Alter eigentümlich changiert. Er erscheint dem Kind mal als älterer Spielkamerad, der das „gülden Gewand“ seiner Mutter vorzuzeigen verspricht (12), mal als potenzieller Schwiegervater, der die Vorzüge seiner Töchter preist (18–20). Erlkönigs Mutter müsste, wenn sogar ihre Enkelinnen alt genug sind, das Kind zu „warten“ (18), älter als dessen Großmutter sein. Dennoch erscheint sie in der Anordnung des Gedichts als „M e i n e Mutter“ (12; Hervorhebung R. St.), welche – „Mein Vater“ beginnt der unmittelbar folgende Vers nun wieder mit der Stimme des Kindes – die des Sohnes zu verdrängen droht. Entsprechend schwer ist das Alter des Kindes zu bestimmen. Zu vielfältig sind die Spielarten des ihm unterstellten oder auf es gerichteten Begehrens. Eindeutig ist nur, dass die erotischen Konnotationen zunehmen, von der vielleicht noch ganz unschuldigen Versprechung „schöner Spiele“ (10) über die ambivalente Kombination eines nächtlichen Reigens mit Wiegebewegungen (19f.) bis hin zur unverblümten Anmache und Drohung des Kinderschänders (25f.). „Fasst“ der Erlkönig schließlich das Kind „an“ (27), das der Vater bis dahin sicher „fasst“ (4), so nimmt er als perverses Komplement des Vaters dessen Stelle ein. Nicht umsonst erscheint der Vater, dem es „grauset“ und der den Hof nur „mit Müh' und Not“ erreicht, selbst gefährdet.

Wenn Dichtung um 1800 von den Neuordnungen der Familienstrukturen erzählt, gibt sie auch ihr eigenes Entstehen aus ihnen zu erkennen. In der Goethezeit lehren Mütter ihre Kinder das Sprechen, damit Dichter aus ihnen werden.[1] Väter installieren, als Beamte, dieses System und garantieren seinen Bestand, müssen aber die Familienmitte den Müttern überlassen.[2] Da sie selbst noch nicht zu Dichtern erzogen wurden, werden ihnen die eigenen Kinder fremd und sie ihnen. Schauerromane und Balladen, welche die deutsche Klassik und die europäischen Romantiken begleiten, erzählen von den Unordnungen, die mit den Neuordnungen der Familienstrukturen einhergehen. Im *Erlkönig* nehmen solche Neu- und Unordnungen das Formprinzip des Stimmengewirrs an. Die „mysteriose Behandlung“ inszeniert nicht nur die Solidargemeinschaft von Dichter, „feinfühliger Frau“ und Kind (die Trunz verklärt und deren Ermöglichungsbedingungen Kittler analysiert hat), sondern auch ihre Kehrseite: Der Sohn vernimmt die Stimme der Dichtung, die seine abwesende Mutter ihn zu vernehmen gelehrt hat, die der anwesende Vater jedoch nicht vernehmen kann oder will. Der dichtende Erlkönig oder grausenerregende Dichter nutzt den Dissens im Umgang mit interferierenden Stimmen, um den Vater von seiner Stelle zu verdrängen. „Umfasste“ der Vater in der zweiten Strophe mit seinen Worten die des Sohnes, blieb ihm in der vierten und sechsten immerhin noch Raum für beschwichtigende Antworten, so „fassen“ in der siebten die Stimmen von Erlkönig und Kind einander „an“ und bringen ~~den Vater zum~~ Verstummen. Das Ergebnis ist unübersehbar: „Dem Aufschreibesystem von 1800 liegen Leichen zugrunde.“[3] Gemeint sind in diesem Zitat die aus biografischen Quellen erschließbaren Leichen der Frauen, die sich dem neuen Familialsystem nicht fügen. Schauerromane und Balladen erzählen von den Leichen, die im literarischen Text und im System anfallen. Hier ist es – mit der eigenwilligen, nicht vom Versmaß erzwungenen Inversion des Schlussverses – „In seinen Armen das Kind“.

In: Bernd Witte: Interpretationen. Gedichte von J.W. Goethe. Stuttgart: Reclam 1998, S. 96–108, hier: S. 104–106

1 Vgl. Friedrich Kittler: Aufschreibesysteme 1800. 1900. München 1985, S. 31–75.

2 Vgl. Friedrich Kittler: Dichter. Mutter. Kind. München 1991, S. 15.

3 Kittler: Aufschreibesysteme; a.a.O., S. 179

Baustein 3

Flucht nach Italien und Neubeginn (1786–1805)

3.1 Biografische Einführung

Mit der „Flucht" Goethes nach Italien beginnt in vielen Literaturgeschichten die Klassik, ein Beleg dafür, wie groß die Bedeutung der Person Goethes für die deutsche Literaturgeschichte ist und welch tiefen Einschnitt man in jener italienischen Reise vermutet. Wie bereits die vorangegangenen Kapitel gezeigt haben, kann die Einteilung in Sturm und Drang auf der einen und Klassik auf der anderen Seite keinesfalls so trennscharf vorgenommen werden, wie durch die genaue Jahresangabe vorgetäuscht wird, doch kann kein Zweifel darüber bestehen, dass der überstürzte Aufbruch aus Karlsbad im September 1786 in Goethes unmittelbarer Wahrnehmung einen tiefen Einschnitt bedeutet, löste er sich doch zunächst aus den zunehmend als beengend empfundenen privaten und dienstlichen Fesseln in Weimar und wandte sich seinem Sehnsuchtsziel Italien zu. Um aller Förmlichkeiten entledigt zu sein, die ihm ansonsten aufgrund seines Bekanntheitsgrades gedroht hätten, nahm er den Namen Johann Friedrich Möller an und reiste, nur durch einen kurzen Zwischenaufenthalt in Venedig unterbrochen, zügig nach Rom, das er am 29. Oktober erreichte. Allerdings war die Verbindung nach Weimar nicht vollständig unterbrochen, denn er trat aus Italien in regelmäßigen Kontakt mit seinen Weimarer Freunden und dem Herzog, sodass Goethe relativ schnell klar sein musste, dass eine Rückkehr, so er sie denn wünschte, jederzeit möglich war. Sogar seine Bezüge wurden in der Zeit seiner Abwesenheit weiterhin gezahlt, was Goethe zusammen mit dem von Göschen erhaltenen Vorschuss überhaupt einen derartig langen Aufenthalt in Italien gestattete.

In Rom schloss sich Goethe der dort ansässigen deutschen Malerkolonie an, wobei sich insbesondere zu dem Maler Johann Heinrich Wilhelm Tischbein eine intensive Freundschaft aufbaute. Ansonsten ging er vor allem seinen Interessen nach. Er zeichnete, beschäftigte sich mit antiker Kunst, besuchte die Oper und das Theater, beobachtete römische Kirchenfeste und den Karneval in Rom, gab sich aber darüber hinaus auch anderen Vergnügungen hin, die in einer nicht näher bekannten Liebesbeziehung zu einer Italienerin mündeten, die später auch den Hintergrund der „Römischen Elegien" bildete. Insgesamt fand er in Italien wieder zu einer Leichtigkeit der Lebensführung zurück, die er in Weimar unter ganz anderen Bedingungen nach seiner Rückkehr freilich ebenso schnell wieder ablegte.

Von Rom aus reiste er später weiter nach Süditalien, wo er die kürzlich begonnenen Ausgrabungen von Pompeji besichtigte, und nach Sizilien, von wo aus er nach Rom zurückkehrte. Anschließend blieb er noch mehr als ein Jahr in Rom und plante die Vollendung der in Weimar begonnenen Werke, was aber nur im Falle des „Egmont" gelang. Ansonsten vollendete er nur die Übertragung der „Iphigenie" in Blankverse und überdachte noch einmal den „Torquato Tasso".

Im März 1788 bereitete Goethe schließlich seine Rückkehr nach Weimar vor, die an die Bedingung geknüpft wurde, dass er künftig von allen staatlichen Verpflichtungen seines Amtes mit Ausnahme der Aufsicht über Bildung und Kultur, zu der auch die Aufsicht über die Universität Jena gehörte, freigestellt werden wollte. Dieses Ansinnen bedeutete nichts weniger als die Umwandlung des bisherigen Dienstverhältnisses in ein Mäzenatentum, das von Herzog Karl August auch akzeptiert wurde. Trotz dieser Großzügigkeit des Herzogs wurde die Rückkehr nach Weimar, die dann im Juni 1788 endgültig erfolgte, für Goethe zu einer großen Enttäuschung, da sich seine Umgebung insgesamt als wenig aufnahme- und begeisterungsfähig für seine neu gewonnenen Erfahrungen erwies. Dies galt insbesondere für den Kontakt zu Charlotte von Stein, der stark abgekühlt war, was sich durch eine weitere einschneidende Entwicklung in Goethes Leben noch verstärkte: Einen Monat nach seiner Rückkehr nahm er die erst 23-jährige Christiane Vulpius, die aus einer kleinbürgerlichen Weimarer Familie stammte, als Geliebte in sein Haus auf. Kaum ein Jahr später wurde sein Sohn August geboren, der als einziges von insgesamt fünf Kindern die Kindheit überlebte. Das Urteil der Zeitgenossen über die nur wenig gebildete Christiane fiel wenig schmeichelhaft aus, auch musste sie sich als Geliebte Goethes mit einem Platz im Schatten der Gesellschaft zufriedengeben, wenngleich jeder in Weimar wusste, in welchem Verhältnis sie zu Goethe stand. Goethe selbst blieb ihr jedoch immer verbunden, wenngleich er oft für Monate abwesend war, vor allem, um sich in Ruhe mit der Dichtung zu beschäftigen. Erst 1806 legalisierte er die Beziehung durch eine Heirat.

Wie sehr der Italienaufenthalt in seiner Katalysatorfunktion für die Entwicklung Goethes gesehen werden muss, zeigen die 1790 anlässlich seiner zweiten Italienreise entstandenen Venezianischen Epigramme, in denen sich Goethe höchst ungnädig über die unordentlichen Italiener und den Schmutz Italiens äußert, denen er die deutsche Ordentlichkeit gegenüberstellt.

In der ersten Zeit nach der Rückkehr entstanden nur wenige Dichtungen wie etwa die berühmten „Römischen Elegien“, die eigentlich „Erotica Romana“ heißen sollten, ein Titel, der bereits andeutet, warum ihre Veröffentlichung zunächst für einen handfesten literarischen Skandal sorgte, die aber der Nachwelt geradezu als der Inbegriff der Klassik erscheinen. Ansonsten beschäftigte er sich in dieser Zeit vor allem mit seinen naturwissenschaftlichen Forschungen zu Botanik und Farbenlehre, die ihn zwanzig Jahre lang fesselten und die er auch am Ende seines Lebens für seine größte Errungenschaft hielt. Als Berater des Herzogs, der inzwischen zum preußischen General aufgestiegen war, konnte er sich der Verpflichtung nicht entziehen, diesen auf dem Feldzug nach Frankreich zu begleiten, der seine ohnehin schon ausgeprägte Revolutionsphobie noch verstärkte. Das von den Jakobinern angerichtete Blutbad verabscheute er zutiefst, ohne dass man ihn als Freund des Ancien Régime bezeichnen könnte. Doch konnte er sich eine Veränderung eben nur auf dem Weg der Evolution vorstellen, was ihm den Blick für die Notwendigkeit von Revolutionen allgemein verstellte.

Wichtiger als die Politik, bei der Goethe ein unbeteiligter Beobachter blieb, wurde für ihn die Freundschaft mit Schiller, die durch Schillers Werben um Mitarbeit an seiner Zeitschrift „Die Horen“ im Jahre 1794 entstand. Schillers Schmeicheleien verfehlten ihren Zweck nicht und Goethe erklärte sich zur Zusammenarbeit bereit, was freilich den finanziellen Misserfolg der Zeitschrift nicht verhindern konnte. Schiller ermunterte Goethe zur Vollendung von „Wilhelm Meisters Lehrjahre“ und es kam so zu einem immer tieferen Austausch, der sich insbesondere bei Schiller in der raschen Fertigstellung von sieben großen Dramen niederschlug und der auch Goethes Tätigkeit für das Weimarer Theater, dessen Leitung er nach seiner Rückkehr übernommen hatte, neue Impulse gab. Allerdings muss man sich das Verhältnis der beiden eher als Arbeitsfreundschaft vorstellen, denn zum vertraulichen Duzen ist es zwischen den beiden nie gekommen.

Der Misserfolg der „Horen“ veranlasste Schiller und Goethe zu einer literarischen Generalabrechnung mit Verlegern und Publikum in den satirischen *Xenien,* einer Sammlung von 413 Epigrammen im Stile des römischen Dichters Martial, bevor sie 1798 ihre eigene Vorstellung von Dichtung in Form der Publizierung der Erträge des sogenannten Balladenjahres (1797) öffentlich machten. Ebenso wie Goethes kunsttheoretischer Zeitschrift *Propyläen* war die Breitenwirkung dieser Werke jedoch zunächst sehr begrenzt. Selbst der mit Spannung erwartete „Wilhelm Meister“ führte zunächst nur bei den Romantikern, mithin also bei einem sehr kleinen, elitären Kreis, zu Begeisterungsstürmen. Erst mit der Veröffentlichung des antirevolutionären, leicht auch spießbürgerlich zu missdeutenden Versepos „Hermann und

Dorothea" gelang Goethe erneut ein Publikumserfolg. Die fruchtbare Zusammenarbeit zwischen Schiller und Goethe endete jäh mit dem Tode Schillers 1805, der Goethe erneut in eine schwere, wenngleich kurzlebige (psychosomatische) Erkrankung stürzte. In diesen Zusammenhang gehört auch die makabre Geschichte mit Schillers Schädel: Schiller war 1805 zunächst in einem Sammelgrab bestattet worden und seine (vermeintlichen) Gebeine wurden erst 1826 exhumiert und ein Jahr später in die Fürstengruft umgebettet. Den Schädel aber hatte Goethe an sich genommen und bewahrte diesen bis zur endgültigen Bestattung auf einem Samtkissen unter einer Glasglocke auf. Was uns ausgesprochen makaber erscheint, galt aber in einer Zeit, in der der Tod eine alltägliche Erfahrung war, als nicht ungewöhnlich.

3.2 Die Römischen Elegien – Fünfte Römische Elegie/ Siebte Römische Elegie

Einführung und Kurzinterpretation

Goethes plötzlicher, wenngleich kalkulierter Ausbruch aus den Fesseln seines Amtes ist sehr bedeutsam für die Ästhetik der Klassik. Zwar beginnt mit Goethes Reise keineswegs die Klassik, deren Menschenbild bereits in den Gedichten der ersten Weimarer Jahre überdeutlich hervortritt, aber der für die späteren Jahre so deutliche Formwille bzw. der Hang zur Überformung der nach wie vor erkennbar bleibenden Bruchlinien treten nun in eine neue Phase ein.
Erstes und zugleich herausragendes Beispiel hierfür sind die berühmten „Römischen Elegien", ein Zyklus aus insgesamt 24 im antiken Versmaß des elegischen Distichons geschriebenen Gedichten, von denen Goethe aber 1794 nur 20 veröffentlicht, aus Gründen, auf die in der Einleitung zu diesem Kapitel bereits kurz hingewiesen wurde und auf die noch zurückzukommen sein wird.
Entgegen dem irreführenden Titel entstanden diese Gedichte nicht in Rom, sondern erst nach seiner Rückkehr und sollten ursprünglich den Titel „Erotica Romana" tragen. Sie beschäftigen sich zwar mit Erfahrungen, die Goethe in seiner Zeit in Rom machte, die aber mit Erlebnissen nach seiner Rückkehr, insbesondere dem Beginn der Liebesbeziehung mit Christiane Vulpius, verknüpft werden. Goethes Vertraute, darunter Herder und Herzog Karl August, rieten wegen ihrer Freizügigkeit und Sinnlichkeit dringend von einer Veröffentlichung ab, zumal für die Weimarer Hofgesellschaft nur allzu deutlich erkennbar war, dass die Faustina der Gedichte in Form der bei Goethe eingezogenen Christiane reale Gestalt gewonnen hatte und Goethe die Libertinage der Gedichte sozusagen vor aller Augen vorlebte. Die Reaktionen auf die Veröffentlichung 1794 in Schillers „Horen" fielen denn auch zwiespältig aus. Karl August Böttiger etwa ereiferte sich:

> „Zu den merkwürdigsten Erscheinungen an unserem literarischen Himmel gehören Goethes Elegien im 6. Stück der Horen. Es brennt eine genialische Dichterglut darinnen, und sie stehen in unserer Literatur einzig. Aber alle ehrbaren Frauen sind empört über die bordellmäßige Nacktheit. Herder sagte sehr schön: Er habe der Frechheit ein kaiserliches Siegel aufgebrückt. Die Horen müssten nun mit dem ‚u' gedruckt werden. Die meisten Elegien sind nach seiner Rückkehr im ersten Rausche mit der Dame Vulpius geschrieben."[1]

Die pointierte und deswegen so berühmte Äußerung kann als geradezu typisch für die zeitgenössische Rezeption gelten: Gerühmt wurde die formale Meisterschaft, da Goethe mit der Übernahme einer antiken Form zweifellos etwas ganz Neues geschaffen hatte. Auf pikierte Kritik stieß hingegen die Freizügigkeit, mit der man sich noch bis ins 20. Jahrhundert schwer-

[1] Bode, Wilhelm: Goethe in vertraulichen Briefen seiner Zeitgenossen. Band 1. Berlin 1918, S. 528

tat. So wurden etwa die beiden Elegien, die Goethe erst gar nicht gewagt hatte, Schiller vorzulegen[1], und in denen der mit seinem gewaltigen Glied protzende Gott Priapos auftritt, erst im 20. Jahrhundert gedruckt.
Formal bestechen die Elegien durch die Übernahme des antiken Versmaßes des Distichons als metrischer Grundform. Goethe setzte damit die Bemühungen Klopstocks oder Voß' fort, antike Versmaße für die deutsche Literatur nutzbar zu machen, ein Unterfangen, dass von jeher vor der Schwierigkeit steht, dass im Deutschen, anders als im Lateinischen und Griechischen, der Wortakzent festliegt und Längen und Kürzen der Silben nicht so ausgeprägt sind. Martin Opitz hatte denn auch bei seiner Versreform darauf bestanden, von den Hebungen und Senkungen des natürlichen Wortakzents auszugehen und sogar den Jambus als alleinige, dem Deutschen angemessenes Versmaß zu postulieren, ein Ansinnen, an das sich jedoch schon die zeitgenössischen barocken Dichter bei aller Wertschätzung des Opitz'schen Werkes nicht hielten, wenngleich die Versuche oft recht holprig wirkten. Klopstock war es in seinem „Messias" gelungen, den Hexameter in die deutsche Dichtung einzuführen und auch bereits erste Elegien zu verfassen.

Ein Distichon besteht aus einem Hexameter und einem Pentameter. Es hat folgende metrische Form:

/ / / / / /
XXX/XXX/XXX/XXX/XXX/XX

/ / / / / /
XXX/XXX/X/XXX/XXX/X

Oder, wie Schiller das Distichon in distichischer Form erklärte:

/ / / / / /
Im Hexameter steigt des Springquells flüssige Säule

/ / / / / /
Im Pentameter drauf fällt sie melodisch herab

Wie bereits auffallen dürfte, weist auch der Pentameter nicht fünf, sondern sechs Hebungen auf. Da aber dem dritten und sechsten Daktylus die Senkungen fehlen, wurden im Griechischen nur fünf Längen gezählt. Beide Verse weisen eine Zäsur auf, die jedoch nur beim Pentameter festgelegt ist (nach der dritten Hebung), im Hexameter hingegen frei gesetzt werden kann. Durch Beachtung des akzentuierenden Prinzips im Deutschen ist dieses Versmaß relativ flexibel, da die Daktylen gegebenenfalls auch durch Trochäen ersetzt werden können.
Elegien wurden ursprünglich die Gedichte genannt, die dieses Versmaß verwandten, unabhängig von ihrem Inhalt. Erst seit römischer Zeit nehmen die klagenden Liebesgedichte in dieser metrischen Form zu, sodass Elegie fortan geradezu zu einem Synonym für die Klage wird.
Die Intentionen, die Goethe mit der Verwendung dieses antiken Metrums verfolgte, lassen sich vermutlich dahingehend bestimmen, dass zum einen den Texten eine antikisierende Aura verliehen werden sollte, da der Antike nach Goethes Rückkehr in dessen Dichtungsverständnis eine beispielhafte Funktion zukam, zum anderen verlieh dieses Versmaß den Gedichten etwas Artifizielles, das gut zum neu entdeckten Formbewusstsein passte.

1 Zwei weitere hatte er auf Schillers Anraten zurückgezogen, der eine ungekürzte Veröffentlichung für unmöglich hielt.

Die für dieses Unterrichtsmodell zunächst ausgewählte „Fünfte Römische Elegie" (**Arbeitsblatt 18,** S. 97) ist vermutlich die berühmteste wegen ihrer vollendeten Form, aber auch, weil sie alle Erlebnisse der Italienreise paradigmatisch vereinigt: die Ankunft in Rom, der Genuss der antiken Kunst, das Studium antiker Autoren und eben auch die sinnliche Erfahrung in Form des Liebeserlebnisses mit jener Faustina genannten, anonym gebliebenen Schönen, einem Mädchen aus dem einfachen Volk. Kunstvoll verbindet das Gedicht diese Erfahrungskomplexe, indem die Liebesbegegnung als eine Voraussetzung für ein tieferes Verständnis der antiken Kunst dargestellt wird.

Das Gedicht setzt ein mit der Beschreibung der freudigen Empfindungen nach Ankunft auf „klassischem Boden" (V. 1) und fährt fort mit einer zusammenfassenden Beschreibung seiner Tätigkeiten seither, der Beschäftigung mit der antiken, aber auch modernen Hinterlassenschaft, die als ein Sprechen von „Vor- und Mitwelt" (V. 2) personifiziert wird. Deutlich wird bereits hier der Lebensweltbezug der Beschäftigung mit der Antike, die nicht als musealer Bestandteil der Romreise zu verstehen ist, sondern als integraler Bestandteil einer ganzheitlichen Erfahrung, die Gegenwart und Vergangenheit umfasst. Diese Synthese von Gegensätzen zeigt sich auch in der Beschäftigung mit den antiken Autoren, deren Werke auf der einen Seite „mit Genuss" „durchblättert" werden, dies aber andererseits „mit geschäftiger Hand" geschieht (V. 3 f.). Dem lyrischen Ich gelingt also eine Verschmelzung von Muße (otium) und Geschäft (negotium), die selbst der Antike als unvereinbarer Gegensatz erschienen sind. Auf diese Weise enthalten bereits die ersten vier Verse den Keim des Ganzen in Form einer wunderbaren Vereinigung der Gegensätze, die dem lyrischen Ich in Rom gelungen ist.

Den Grund hierfür erfährt der Leser in den folgenden Versen: Die Nächte gehören Amor, also der erotischen Liebe, was aber, obwohl das lyrische Ich zunächst antithetisch einräumt, „halb nur gelehrt", aber „doppelt beglückt" (V. 6) zu sein, durchaus auch der Bildung dient, ja überhaupt erst Voraussetzung für diese ist: Durch das Betasten der Hüften der Geliebten versteht das lyrische Ich erst den antiken Marmor, was im zehnten Vers, also dem Zentrum des Gedichts in dem Oxymoron des fühlenden Auges und der sehenden Hand zusammengefasst wird. Auch die Liebesnächte bekommen in der Folge eine bildende Funktion zugewiesen, indem das lyrische Ich auf die Gespräche verweist. Ab Vers 15 tritt dann die Dichtkunst in ähnlicher Weise in das Blickfeld: Zunächst verweist das lyrische Ich auf seine dichterische Produktivität während der Nacht, wobei auch hier durch das Zählen des Hexameters auf dem Rücken der Geliebten auf die Vereinigung von sinnlichem Genuss und Kunst verwiesen wird.

Das Gedicht schließt mit einem Hinweis auf den Gott Amor, der die Lampe schürt und der Zeiten gedenkt, „Da er den nämlichen Dienst seinen Triumvirn getan" (V. 20). Die Lampe kann als Metapher dabei ganz im Sinne der Intention des Gedichts auf zweierlei Weise gedeutet werden: Zum einen natürlich im herkömmlichen Sinne als Feuer der Leidenschaft, das der Gott in den Liebenden weiter schürt, zum anderen ist das Licht seit dem 18. Jahrhundert auch als Metapher für die Aufklärung gebräuchlich, womit die Metapher ein weiteres Beispiel für die erreichte Vereinigung von Sinnlichkeit und Intellekt ist. Ähnlich doppelbödig ist auch der Verweis auf die Triumvirn des Amor. In der Nachfolge des Humanisten Scaliger sind hiermit die drei römischen Dichter Catull, Tibull und Properz gemeint, die von diesem in einer Ausgabe als „triumviri amoris" tituliert wurden, da er in ihnen die herausragenden Beispiele römischer Liebeslyrik erblickte. Vereint die Metapher schon hier die Gegensätze von Sinnlichkeit und Dichtkunst durch den Verweis auf eine Epoche, in der dieser Gegensatz nicht existierte, so lässt die Titulierung als Triumvirn noch eine weitere Facette aufscheinen, da dieser Begriff landläufig mit den bekannten Dreimännerkollegien des 1. Jahrhunderts (Caesar, Pompeius und Crassus bzw. Octavian, Antonius und Lepidus) in Verbindung gebracht wird, die die Macht im römischen Staat unter sich aufteilten. Auf dieser Ebene verweist die Bezeichnung auf die hohe Bedeutung, die der Kunst allgemein und der Dichtkunst im Besonderen zugemessen wird.

Die im Mittelteil des Gedichts scheinbar entschuldigend eingeräumte Reduzierung der Buchgelehrsamkeit wird also nicht nur durch doppeltes Glück im Sinne erotischen Vergnü-

gens, sondern auch durch die Begegnung mit der Geliebten als „lebendiger Antike" und erst somit „doppelt" aufgewogen.
Einen anderen Ton schlägt die „Siebte Römische Elegie" (**Arbeitsblatt 19**, S. 98) an, die als zweites Beispiel für dieses Unterrichtsmodell ausgewählt wurde. Diese beginnt mit einem Rückblick auf die Zeit im Norden, der mit sehr düsteren Bildern gestaltet wird. Von grauen und trüben Tagen ist die Rede, die sich über einen unbefriedigten Geist gesenkt hätten. Vor diesem Hintergrund erscheint aber in der Folge der gegenwärtige Aufenthalt in Rom nur umso heller und farbiger. Das lyrische Ich wähnt sich als Liebling der Götter und träumt sich sogar in die Gegenwart der Götter, wo er Jupiters Knie zu umfassen wünscht. Interessant für die Kunstauffassung ist, welche Götter hier als Fürsprecher des lyrischen Ichs auftreten, nämlich Phöbus Apollo, der Gott der schönen Künste, und Hebe, die Göttin der Jugend, sodass auch hier wieder die bereits erarbeitete Synthese von Kunst und Natürlichkeit hervorscheint. In mehreren Fragen wendet sich das lyrische Ich in der Folge an Jupiter Xenius, dem er sich als Gast in Rom besonders verpflichtet fühlt und an dessen Gastfreundschaft er in der Folge appelliert. Zunächst fragt er, ob Hebe einen Heroen zu ihm bringen sollte, wobei noch offenbleibt, ob ein Dichter als solcher bezeichnet werden kann, was erneut die hohe Auffassung von der Dichtkunst verdeutlicht. In der Folge wird diese Selbststilisierung aber wieder spielerisch zurückgenommen, indem das lyrische Ich einen Irrtum annimmt, von dem es aber gern profitieren möchte, indem es Jupiter anfleht, ihn nicht vom Olymp zu stoßen, dem Sitz der Götter. Diesem Ansinnen, also der Aufnahme unter die Götter, für die der Sitz auf dem Olymp synonym ist, widersetzt sich mit mahnenden Worten Jupiter selbst, wodurch die irreale Szene weiter verdichtet wird: „Dichter! Wohin versteigest du dich?" (V. 23) Die Vergottung ist dem Menschen selbstverständlich nicht gegeben, woraufhin das lyrische Ich das Kapitol als zweiten Olymp bezeichnet, auf dem es geduldet zu werden wünscht. Deutlich wird hier wieder die herausgehobene Stellung, die der Dichter zwischen dem Göttlichen und dem Menschlichen einnimmt, allerdings auf eine so spielerische Art und zudem in die Sphäre des Tagtraums gerückt, dass diesem Anspruch nichts von der gravitätischen Schwere der Hymnen „Das Göttliche" oder „Grenzen den Menschheit" anhaftet. Weiter gemildert wird dieser Anspruch zudem durch den Verweis auf die Sterblichkeit des Dichters, allerdings auch hier versehen mit dem indirekten Verweis, dass der Dichter Bleibendes hinterlässt, was durch die Erwähnung der Cestiuspyramide anklingt.

Hinweise zum Einsatz im Unterricht

Die Interpretation eines formal und inhaltlich so komplexen Gedichts wie der „Fünften Römischen Elegie" ist auch für einen Leistungskurs eine anspruchsvolle Aufgabe. Zur Entlastung wird daher empfohlen, den Einstieg über das bekannte Gemälde Tischbeins zu versuchen. Nach einem kurzen Lehrervortrag über Hintergründe und Ablauf der „Flucht" Goethes nach Italien kann dieses auf Folie präsentiert (**Zusatzmaterial 8**, S. 131) oder bei geeigneten technischen Möglichkeiten per Beamer projiziert werden.

- *Welchen Eindruck macht Goethe auf diesem Gemälde? Inwiefern kontrastiert dieser zu seiner Lebenssituation der Weimarer Jahre?*
- *Wie ist das Gemälde aufgebaut?*

Ergeben sollte sich im Unterrichtsgespräch, dass Goethe auf diesem Gemälde entspannt, ja geradezu lässig wirkt, was dafür spricht, dass er die als beengend empfundenen Fesseln des Weimarer Hofes abgestreift hat. Goethe liegt auf dem Gemälde in bequem erscheinender Pose auf einigen Steinquadern, die ein im Hintergrund erkennbares Relief, das bei näherer Betrachtung eine Szene aus „Iphigenie auf Tauris" (der gefangene Orest und Pylades werden Iphigenie vorgeführt) zeigt, als antike Trümmer erkennen lässt. Weitere antike Reste sind im

Hintergrund vor einer sanften Hügellandschaft erkennbar. Die Landschaft ist nicht real, da verschiedene antike Bauwerke, wie zum Beispiel das Grabmal der Caecilia Metaella, das sich in Wirklichkeit an der Via Appia befindet, hier integriert werden. Goethe tragt einen weißen Reisemantel bzw. eher Überwurf, da keine Ärmel erkennbar sind, sowie einen breitkrempigen grauen Hut, den er leicht in den Nacken gezogen trägt, sodass sein Gesicht, das ernst, aber entspannt in die Ferne blickt, gut zu erkennen ist.
Bei näherer Betrachtung fallen jedoch einige Details auf, die die vermeintliche Lässigkeit und Ungezwungenheit als etwas Artifizielles erscheinen lassen. Dies beginnt bereits mit der Pose, die, wenn man sie einmal ausprobiert, keinesfalls bequem, sondern im Gegenteil sogar höchst anstrengend ist. Zudem sind beide Beine, vor allem aber das linke, stark verlängert, was aus kompositorischen Gründen notwendig war, um die Ebenmäßigkeit des Eindrucks aufrechtzuerhalten. Der Ersteindruck beim Betrachten des Gemäldes erweckt also einen Anschein, den die Szenerie real nicht haben kann, und enthüllt das Gemälde mit seiner antikisierenden Kulisse somit als etwas zugleich hochgradig Programmatisches und Artifizielles, deutet also auf Dinge hin, die auch bei der Betrachtung der „Römischen Elegien" beobachtbar sind.
Im Anschluss an die Bildbetrachtung sollte dann das Gedicht selbst in den Blick genommen werden.

- *Welchen Ersteindruck haben Sie von dem Gedicht? Inwiefern gibt es Parallelen zu der Komposition des Gemäldes?*

Ergeben sollte sich auf der einen Seite natürlich die besondere Funktion der Antike, auf der anderen aber auch der Eindruck von Lebensfreude und zugleich auch Komplexität, die zusammen das Gedicht auszeichnen. Hieran kann sich nun die Erarbeitung des Gedichts anschließen:

- *Fertigen Sie mithilfe der Informationen zur Elegie auf dem Arbeitsblatt eine metrische Analyse zu dem Gedicht an.*
- *Mit welchen Dingen beschäftigt sich das lyrische Ich in Rom? Welche Funktion spielt hierbei die Beziehung zu seiner Geliebten?*
- *Mit welchen sprachlichen Mitteln beschreibt Goethe diese Beziehung?*
- *Welche Bedeutung hat die Übernahme des antiken Versmaßes für die Aussage dieses Gedichts?*

Falls der Kurs nur wenig Erfahrung mit metrischen Analysen hat, kann es empfehlenswert sein, die metrische Analyse dadurch vorzubereiten, dass die Erklärung des Aufbaus des elegischen Distichons durch den Lehrer erfolgt und gemeinsam an dem Beispiel der oben zitierten Verse Friedrich Schillers oder am Beginn des Gedichts verdeutlicht wird. Die Ergebnisse der inhaltlichen Erarbeitung können anschließend in folgenden Tafelbildern gesichert werden:

Johann Wolfgang Goethe: Fünfte Römische Elegie

Rom
Begeisterung
Studium der Antike

Geliebte
Stunden der Nacht

lyrisches Ich
„Sehe ich mit fühlendem Aug, fühle ich mit sehender Hand“

⬇

Vereinigung von Intellekt und Sinnlichkeit
Synthese von Gegensätzen

Die sprachliche Gestaltung der Fünften Römischen Elegie

- Verwendung eines komplexen antiken Versmaßes
- Rhetorische Frage (V. 7 f.)
- Metaphern (z. B. Lampe, V. 19)
- Oxymoron (V. 10)
- Antithesen und ihre Aufhebung (z. B. V. 6, 11 f.)
- Personifikationen (V. 2, 5)
- ....

➡ **strenger Formwille und Wiedergeburt des antiken Ideals**

Ergänzend kann in der Folge auf die „Siebte Römische Elegie“ als ein weiteres Beispiel aus diesem Gedichtzyklus eingegangen werden. Sollte geplant sein, die Interpretation einer der Römischen Elegien als Klausuraufgabe zu stellen, empfiehlt es sich, die „Siebte Römische Elegie“ zur Übung für eine solche Klausur zu verwenden.

- *Interpretieren Sie die „Siebte Römische Elegie“ nach dem Ihnen bekannten Analyseschema. Gehen Sie hierbei besonders auf die in dem Gedicht angesprochene Rolle Roms für das lyrische Ich ein und charakterisieren Sie die Stellung, die es sich in dem Gedicht erträumt.*

Alternativ kann das Gedicht aber auch auf folgende Weise gemeinsam im Unterricht erarbeitet und in folgendem Tafelbild gesichert werden:

- *Fassen Sie den Inhalt des Gedichts gegliedert zusammen und analysieren Sie das Metrum.*
- *Welche Bedeutung hat Rom für die Stimmung des lyrischen Ichs? Wie wird diese gestaltet?*
- *Charakterisieren Sie die Stellung, die der Dichter sich hier erträumt.*

Johann Wolfgang Goethe: Siebte Römische Elegie

Vergangenheit im Norden (V. 1–6)	Gegenwart in Rom (V. 7–10)	Traum (V. 10–24)
• Farblosigkeit und Dunkelheit (graulich, trüb, farb- und gestaltlos, düstre Wege) ↕ gedrückte Stimmung (ermattet, unbefriedigter Geist)	• Helligkeit und Farbe (Glanz des hellen Äthers, Farben, sternenhell) ↕ Glücksgefühl (Seligkeit)	• Aufstieg in die Hallen der Götter zu Jupiter Xenius, • Bitte um (zeitweilige) Aufnahme in den (zweiten) Olymp

➡ Erleuchtung des Dichters durch Romerlebnis, scherzhafte Forderung nach einer herausgehobenen Stellung für den Dichter

Abschließend können diese Gedichte dann literaturhistorisch in die Klassik eingeordnet werden. Falls keine geeigneten Texte zur Verfügung stehen, kann an dieser Stelle für eine grundlegende literaturhistorische Information auch ein entsprechender Text als Arbeitsblatt zur Verfügung gestellt werden (**Zusatzmaterial 5**, S. 128).

■ *Informieren Sie sich in Ihrem Deutschbuch oder in einer anderen Ihnen zugänglichen Quelle über die literarische Epoche der Klassik. Weisen Sie an diesen beiden Gedichten inhaltliche und stilistische Merkmale der Klassik nach.*

3.3 Bruch mit Italien und Zeitkritik – Venezianische Epigramme

Einführung und Hinweise zum Einsatz im Unterricht

1790 reiste Goethe wie bereits erwähnt erneut nach Italien, um die Herzoginmutter Anna Amalia zurück nach Weimar zu begleiten. Für einen Zeitraum von insgesamt etwa sechs Wochen wartete er in Venedig auf ihre Ankunft. Während Goethe die erste Reise wie eine Befreiung vorgekommen war, empfand er diesmal den Italienaufenthalt als Belastung. So schrieb er etwa am 3. April 1790 an den Herzog: „Übrigens muss ich im Vertrauen gestehen, dass meiner Liebe für Italien durch diese Reise ein tödlicher Stoß versetzt wird." Diese negative Grundeinstellung wirkte sich auch auf den Ton der hier entstandenen und 1791 zuerst in Auswahl veröffentlichten „Venezianischen Epigramme" aus, der oft scharf und ätzend ist und dem zumeist jegliche scherzhafte Leichtigkeit abgeht. Thematisch sind die insgesamt 104 Epigramme höchst unterschiedlich und beschäftigen sich mit Themen wie der Trennung von Christiane Vulpius, den Gedanken über die eigene Dichtung und zur aktuellen politischen Lage in Frankreich. Auch ein Lobgedicht auf Herzog Karl August findet sich darunter.
Goethes Epigramme orientieren sich sichtlich am Vorbild des römischen Dichters Martial, was den zum Teil sehr scharfen Ton erklärt. Für das vorliegende Modell wurde eine Auswahl (**Arbeitsblatt 20**, S. 99 f.) erstellt, die thematisch verschiedene Bereiche abdeckt. Sie sind in ihrer Aussage so unmittelbar verständlich, dass sie den Schülern mit folgender Aufgabenstellung zur Lektüre übergeben werden können:

- *Formulieren Sie zu jedem der obigen Epigramme die Aussage in thesenartiger Form.*
- *Versuchen Sie eine Erklärung für das unterschiedliche Italienbild der „Epigramme" gegenüber den „Römischen Elegien".*
- *Informieren Sie sich überblicksartig über die Ereignisse der Französischen Revolution und versuchen Sie, Goethes Position zu ihr zu ermitteln.*
- *Analysieren Sie die Gedichte metrisch und informieren Sie sich in einem Ihnen zugänglichen Nachschlagewerk über die Gattung des Epigramms und überprüfen Sie, ob und inwiefern diese Epigramme die Gattungsmerkmale erfüllen.*

Zur Beantwortung der zweiten Frage kann den Schülern alternativ auch der folgende Text aus einem Lexikon zur Verfügung gestellt werden:

Epigramm, wörtlich ‚Aufschrift', aus Gebrauchstexten wie Inschriften auf Grabsteinen, Gefäßen oder Weihgeschenken der griech. Antike entstandene literarische Kleinform. Charakteristische Merkmale sind Kürze, Scharfsinnigkeit, Pointierung, Versform. Eine lange Zeit dominierende Begriffsbestimmung stammt von Julius Caesar Scaliger *(Poetices libri septem, 1561):* „Die Kürze ist ein wesentliches Merkmal des E.s, während die geistreiche Zuspitzung seine Seele und gewissermaßen seine Form ist." Martin Opitz *(Buch von der Deutschen Poeterey,* 1624) und Eessing *(Zerstreute Anmerkungen über das Epigramm und einige der vornehmsten Epigrammatisten,* 1771) setzten diesen Epigrammbegriff in der dt. Literatur durch. Allerdings behaupteten sich neben der scharfsinnigen Epigrammatik ein der gnomischen Spruchform (→ Gnomik) verpflichteter Typ (Weisheits-, Sittenlehre) wie auch eine lyrisch-elegische Form, die an die in Anthologien vorliegende hellenistische Kurzelegie [...] anknüpfte. Als Begründer der Gattung (in seiner scharfsinnigen Variante) gilt Martial. An seinen E.en orientierte sich die neulat. Epigrammatik in Humanismus und Barock (Conrad Gelds, Euricius Cordus, John Owen, Paul Fleming, Andreas Gryphius). Die deutschsprachige Epigrammatik des Barock wiederum schloss an antike und neulat. Vorbilder an, angeregt u.a. durch Übersetzungen von Opitz. Die bedeutendsten weltlichen Epigrammatiker der Zeit sind Friedrich v. Logau, Johann Grob und – zur Aufklärung hinüberleitend – Christian Wernicke, die geistliche Epigrammatik vertreten, mystischen Strömungen verbunden, Johann Theodor v. Tschech (lat.), Daniel Czepko v. Reigersfeld und Johannes Scheffler (Angelus Silesius). Eine Zusammenfassung der humanistisch-barocken Epigrammtheorie bot Johann Gottlieb Meister *(Unvorgreiffliche Gedancken Von Teutschen Epigrammatibus,* 1698), während Jacob Masen *(Ars nova argutiarum,* 1649) die Auffassungen der europäischen Argutia-Bewegung vermittelte. Im 18. Jh. wurde das E. zum Vehikel aufklärerischer Kritik. Lessing, der mit dem Begriffspaar „Erwartung" und „Aufschluss" arbeitete, setzte die scharfsinnige Tradition fort; ihm folgten u.a. Gottlieb Konrad Pfeffel und Friedrich Haug, während Johann Gottfried Herder die eher lyrische Form zu rehabilitieren suchte und dabei von Eduard Mörike bis hin zu Brecht Nachfolger fand. Auch Goethe nahm in den *Venetianischen Epigrammen* (1795) Anregungen Herders auf, blieb aber v.a. Martial verpflichtet. Direkt auf den röm. Epigrammatiker *(Kenia)* beziehen sich die satirisch-polemischen *Xenien* (1796) Goethes und Schillers, die ihrerseits epigrammatische Antworten auslösten und darüber hinaus auf die politische Epigrammatik des Vormärz wirkten. Im 20. Jh. führten u.a. Stefan George, Christian Morgenstern, Arthur Schnitzler, Karl Kraus, Brecht und Erich Kästner die Gattung weiter.

Aus: Volker Meid: Sachwörterbuch der Literatur. Stuttgart: Reclam 1999, S. 139f.

Die inhaltliche Betrachtung der Epigramme ergibt in vielerlei Hinsicht ein zwiespältiges Bild. So lässt etwa das zweite Epigramm erkennen, dass Goethes idealisiertes Italienbild noch besteht, doch bezieht es sich eben auf ein Italien in einer idealisierten Vergangenheit, während das Italien der Gegenwart im vierten Epigramm einer ätzenden Kritik unterzogen wird, die an moderne Vorurteile erinnert. Ähnliches gilt für die Französische Revolution, der Goethe erkennbar höchst kritisch gegenübersteht, ohne jedoch an Kritik auch den Fürsten gegenüber zu sparen. Erkennbar wird ferner, dass Goethe offenbar hoffte, durch Erziehung und ein hohes sittliches Vorbild das Volk bessern und auf die Freiheit vorbereiten zu können.

3.4 Vergänglichkeit – Dauer im Wechsel

Kurzinterpretation

Der Titel des 1802 entstandenen Gedichts (**Arbeitsblatt 21**, S. 101) enthält bei genauerer Betrachtung eine Doppeldeutigkeit, da zunächst nicht klar ist, ob er im Sinne eines dauernden Wechsels oder einer Dauerhaftigkeit innerhalb eines Wechsels zu verstehen ist.
Der aus fünf kreuzgereimten Strophen mit jeweils acht vierhebig trochäischen Versen bestehende Text scheint zunächst die erste Lesart im Sinne eines dauerhaften Wechsels zu bestätigen, denn bereits der konjunktivische Ausruf der ersten beiden Verse verdeutlicht die Irrealität des Festhaltens eines Augenblicks, der hier nur eine frühlingshafte Stunde betragen soll. Die Veränderung wird jedoch nicht als etwas rein Negatives beschrieben, bringt sie doch auch angenehme Seiten wie den „Blütenregen" (V. 3) oder den „lauen West" [wind] (V. 4). Doch auch dies ist nicht von Dauer, denn in den nächsten Versen wird bereits eine sommerliche Landschaft skizziert, während in den letzten Versen der ersten Strophe gar der Herbst vorweggenommen wird. In nur acht Zeilen vollzieht das Gedicht also den Wandel vom Frühlingsanfang bis zu den Herbststürmen. Die zweite Strophe beginnt passend mit den gereiften Früchten, deren Ernte aber schnell erfolgen muss, denn der nächste Wechsel steht bereits an: „Diese fangen an zu reifen/Und die anderen keimen schon" (V. 11 f.). Das Gedicht wechselt in der zweiten Strophe von der bloßen Ich-Aussage zur direkten Ansprache, sodass auch dem Leser die Vergänglichkeit der Dinge bewusst gemacht werden soll, da bereits ein einziger Regenguss eine Landschaft verändere. Mit dem Anklang an ein bekanntes Zitat des griechischen Philosophen Heraklit[1], der an der Wende vom 6. zum 5. Jahrhundert ebenfalls den Wandel aller Dinge betont hatte, schließt die zweite Strophe: „Ach, und in demselben Flusse, schwimmst du nicht zum zweiten Mal." (V. 15 f.)
Erneut erfolgt ein inhaltlicher Wechsel zu Beginn der nächsten Strophe, die mit der vierten eine Einheit bildet („Du nun selbst!", V. 17). Zunächst wird die Veränderung der Wahrnehmung beschrieben, dann die Veränderung des Körpers der Geliebten, für die die Lippe als pars pro toto steht, und zuletzt die körperlichen Veränderungen des Angesprochenen angedeutet, bevor der besonders drastische Wechsel in Form des Todes beschrieben wird. Erneut wird das Bild des Wassers gewählt und das Leben des Einzelnen mit einer Welle verglichen, die dem Element, also dem Wasser im Ozean, entgegeneilt.
Die letzte Strophe drängt den Wechsel klimaktisch schließlich auf die kürzeste Zeitspanne zusammen, indem Anfang und Ende in eins zusammengezogen werden. Das Gedicht schließt jedoch mit einem ganz anderen Gedanken, nämlich mit dem Gedanken, dass der Bereich der Kunst von dieser Wechselhaftigkeit ausgenommen sei: Die Musen verheißen Unvergänglichkeit durch das Zusammenspiel von Form und Gehalt, durch das zugleich auch der Künstler, dessen Busen und Geist das Werk entstammt, der Vergänglichkeit entrissen wird.

Hinweise zum Einsatz im Unterricht

Zunächst einmal sollte auf die Doppeldeutigkeit des Titels aufmerksam gemacht werden, indem die Schüler aufgefordert werden, Assoziationen zu äußern.

[1] Wer in dieselben Flüsse hinabsteigt, dem strömt stets anderes Wasser zu.

- *Was erwarten Sie von einem Gedicht, das den Titel „Dauer im Wechsel" trägt? Auf welche Weisen kann der Titel verstanden werden?*

Nachdem anschließend das Gedicht vorgetragen und über die verschiedenen Lesarten des Titels ein Erstverständnis hergestellt wurde, kann eine Erarbeitung unter folgenden Fragestellungen erfolgen:

- *Mit welchen Bildern beschreibt das Gedicht die Vergänglichkeit?*
- *Was wird dieser Vergänglichkeit gegenübergestellt?*
- *Informieren Sie sich über die Vanitas-Vorstellung des Barock und vergleichen Sie sie mit der Darstellung von Vergänglichkeit hier.*

Johann Wolfgang Goethe: Dauer im Wechsel (1802)

Wechsel	**Dauer**
• Jahreszeiten	
• Landschaften	
• Bauwerke	Kunst
• Körper	
• Leben/Tod	
im Fluss	**unvergänglich**

➡ **Verewigung des Menschen durch Form (Geist) und Gehalt (Herz) der Kunst**

Wegen der auf den ersten Blick bestehenden Ähnlichkeiten in der Thematik zu barocken Gedichten bietet sich ein epochenübergreifender Vergleich an dieser Stelle an, zumal auf diese Weise auch die Besonderheiten des klassischen Menschen- und Kunstbildes besonders deutlich zutage treten. Zwar behandeln sowohl die Barockdichter als auch das vorliegende Gedicht das Thema der Vergänglichkeit, doch tun sie dies auf höchst unterschiedliche Weise. Während die Barocklyriker in den Vanitas-Gedichten zumeist die völlige Nichtigkeit der irdischen Existenz betonen, wird der Wechsel und auch der Verfall des Körpers von Goethe zwar auch als gegeben hingenommen, doch wird der Wechsel nicht einseitig als Verfall, sondern als etwas völlig Natürliches gesehen, dem insbesondere in der Beschreibung des Wechsels der Jahreszeiten auch schöne Seiten abgewonnen werden können. Zudem fehlt dem Goethe-Gedicht jeglicher transzendente Bezug, der für das Barock so typisch ist. Die Stellung, die im Barock das *Memento mori!* einnimmt, also das Bewusstsein um die eigene Sterblichkeit und die damit zusammenhängende Sorge um das eigene Seelenheil, nimmt bei Goethe die unvergängliche Kunst ein, durch die der Dichter in seinem Werk weiterlebt. Die hier knapp skizzierten Hinweise können durch einen vertieften Gedichtvergleich deutlicher herausgearbeitet werden. Hierzu empfiehlt sich das bekannte Sonett „Es ist alles eitel" als Vergleichsmaterial besonders, da es das barocke Verständnis der Vanitas geradezu idealtypisch aufweist und zudem wegen seines Bekanntheitsgrades in den meisten Schulbüchern abgedruckt ist. Alternativ kann auch auf ein Arbeitsblatt zurückgegriffen werden (**Zusatzmaterial 9**, S. 132).

- *Vergleichen Sie die Gedichte „Es ist alles eitel" von Andreas Gryphius mit „Dauer im Wandel" unter formalen und inhaltlichen Aspekten miteinander. Gehen Sie hierbei insbesondere auf die Gestaltung des Motivs der Vergänglichkeit ein und untersuchen Sie, was dieser jeweils entgegengesetzt wird.*

3.5 Form und Gehalt – Natur und Kunst

Mit der Hinwendung der Klassik zur vollendeten Form ging auch eine Renaissance einer bis dahin eher verpönten Gedichtform einher, des Sonetts. Diese Gedichtform galt mit der Abwendung von der Regelpoetik im Zuge des Sturm und Drang eigentlich als überholt, ja sogar als Ausdruck eines bornierten Bewusstseins, zwingt sie den Dichter doch besonders rigide zur Einhaltung einer traditionellen Form. Erst um 1800 wandte sich Goethe wieder dieser traditionellen Form zu, was schließlich in den Jahren 1807/08 in der Entstehung eines ganzen Soenettzyklus' mündete, der den Beginn des Alterswerks markiert.
Das vorliegende Sonett (**Arbeitsblatt 22**, S. 102f.) entstand um 1802 und wurde von Goethe in sein Vorspiel „Was wir bringen" eingesetzt, das er für die Eröffnung des Neubaus des Theaters in Bad Lauchstädt schrieb und in dem er versuchte, die Gesamtheit des zeitgenössischen Theaters zu erfassen. In dem Spiel treten die Theatergattungen personifiziert auf – neben einer Nymphe, die als Personifizierung der Natur zu deuten ist. Diese Nymphe rezitiert schließlich, als „eines alten Dichters Spruch", das vorliegende Sonett. Anliegen dieses Gedichtes ist also, die Vereinbarkeit von Kunst und Natur nachzuweisen, obwohl beide in diametralem Gegensatz zu stehen scheinen. Das Sonett selbst ist formvollendet. Es finden sich zwei Quartette und zwei Terzette, eine nur leichte Abwandlung des regelmäßigen Reimschemas eines Petrarca-Sonettes (abba abba cde cde statt abba abba cdc dcd) sowie ein durchgehend fünfhebiger Jambus mit ebenso durchgehend weiblicher Kadenz als Metrum.
Das erste Quartett beginnt mit der Feststellung der Gegensätzlichkeit von Natur und Kunst, fügt jedoch gleich im zweiten Vers hinzu, dass sich beide, „eh man es denkt, gefunden" haben, was in den beiden folgenden Versen auf eine biografische Ebene gehoben wird, indem das lyrische Ich zugibt, von beidem gleichermaßen angezogen zu werden, obwohl es ursprünglich einen „Widerwillen" (vgl. V. 3) verspürt habe. Es fällt schwer, diese Verse nicht biografisch zu deuten, wobei man sie sowohl auf Goethes Poetologie als auch auf seine naturwissenschaftlichen Interessen beziehen kann. Das zweite Quartett weitet die Thematik nun aus, indem die Bindung an die Form als Voraussetzung dafür genannt wird, dass „Natur im Herzen wieder glühen" (V. 8) dürfe. Begrenzung durch die Form ist also als Voraussetzung für echte Kunst zu sehen, die aber zugleich auch der dichterischen Subjektivität bedarf. In den Terzetten ist dennoch ausschließlich von der Notwendigkeit der Begrenzung die Rede: Mahnend verweist das erste Terzett auf die Vergeblichkeit des Bemühens, ungebunden Großes schaffen zu wollen, da, wie das Fazit des zweiten Terzetts zusammenfassend feststellt, nur das Gesetz Freiheit geben könne.

Hinweise zum Einsatz im Unterricht

Um die Schüler mit der Form des Sonetts vertraut zu machen beziehungsweise diese zu wiederholen, wird den Schülern das Gedicht zunächst nur in einer ungeordneten Form zusammen mit Basisinformationen zur Form des Sonetts zur Verfügung gestellt, verbunden mit dem Arbeitsauftrag:

- *Bringen Sie mithilfe der Informationen zur Gedichtform des Sonetts die ungeordneten Verse des Gedichts in die richtige Reihenfolge.*

- *Überlegen Sie, inwiefern die gewählte Gedichtform mit der Aussage korrespondiert.*

Im Anschluss daran kann das Gedicht dann in Einzelarbeit textanalytisch bearbeitet und in folgendem Tafelbild gesichert werden.

- *Welches Verhältnis zwischen Kunst und Natur stellt das Gedicht fest?*
- *Wie werden diese beiden Bereiche in dem Gedicht beschrieben?*
- *Nehmen Sie kritisch Stellung zur Aussage des Gedichts.*

Johann Wolfgang Goethe: Natur und Kunst

Natur	**Kunst**
glühendes Herz	Geist und Fleiß
ungebundne Geister	Beschränkung

↘ ↙

Vollendung nur durch Verbindung beider möglich

3.6 Das Balladenjahr – Der Gott und die Bajadere

Kurzinterpretation

Die vorliegende Ballade (**Arbeitsblatt 23**, S. 104f.), Ergebnis des sogenannten „Balladenjahres" 1797, war ähnlich wie die „Römischen Elegien" von Beginn an umstritten, hat aber anders als diese diesen Status nie ablegen können. Stießen sich Zeitgenossen an der offenen Erotik und der Tatsache, dass eine Prostituierte zur Heldin einer Ballade wurde, so stolpern moderne Interpreten über Verse wie „Ist gehorsam im Gemüte/Wird nicht fern die Liebe sein" (V. 40f.), die eine bedingungslose Unterordnung der Frau unter den Mann zu suggerieren scheinen. Der Text entstand wie bereits erwähnt im sogenannten Balladenjahr und gehört zu den Versuchen, nach dem Scheitern des Experiments, mit theoretischen Texten einen weiteren Leserkreis zu erreichen, durch neue volkstümlich gestaltete Dichtungen auf einer breiteren Basis volkserzieherisch zu wirken. Die Ballade, die Goethe einmal als ein „Urei" der Dichtung bezeichnete, da sie keimhaft Dramatik, Epik und Lyrik einschlösse, erschien hierzu besonders geeignet. Gerade dieses Merkmal ist denn auch im „Gott und die Bajadere" idealtypisch verwirklicht. Ungewöhnlich und exotisch ist hingegen der Rückgriff auf einen indischen Stoff: Eine Bajadere, die in der europäischen Wahrnehmung als Prostituierte erscheint, wird durch die Begegnung mit einem Gott zu voller Humanität geführt und schließlich in den Himmel erhoben, ohne auf ihre Sinnlichkeit zu verzichten. Originell ist auch die äußere Form des Gedichts: Es besteht aus neun elfzeiligen Strophen, wobei acht Versen in trochäischen Vierhebern jeweils noch drei Verse mit vierhebigen Daktylen folgen, was jeweils eine Unterbrechung des ansonsten raschen Erzählflusses bewirkt. Das Gedicht beginnt mit dem Herabsteigen des Gottes Mahadöh, der nur dann strafen oder schonen kann, wenn er selbst die menschliche Perspektive kennengelernt hat.

Auf seinen Wanderungen inkognito trifft er schließlich auf die Bajadere, die als „verlornes schönes Kind" (V. 15) bezeichnet wird und die sich geschäftig seiner annimmt, denn zum Geschäft ist ihr die Liebe geworden, aber eben doch nicht ganz, denn der Gott erkennt in tiefem Verderben ein menschliches Herz. Um sie zu prüfen, stellt er sie immer weiter auf die Probe, bis sich die Bajadere in ihn verliebt, was Maddöh freilich nur zu noch schärferen Proben durch „Lust und Entsetzen und grimmige Pein" (V. 44) veranlasst. Da beginnt das Mädchen schließlich zu weinen und die Glieder versagen ihr ihren Dienst, da sie der Liebe Qual verspürt. Am nächsten Morgen erwacht die Bajadere und findet den Geliebten tot an ihrer Seite. Als der Geliebte verbrannt werden soll, will sich die Bajadere mit verbrennen lassen, was man ihr aber als Prostituierter verwehrt. Als sie sich aber dennoch in die Flammen wirft, wird sie durch den Gott aufgefangen und zum Himmel mit emporgehoben. Überwindung menschlicher Grenzen durch Hingabe bis zur Selbstaufgabe ist auch hier das Thema, allerdings in einem sinnlichen Kontext und der Perspektive männlicher Überlegenheit, die das Gedicht modernen Interpreten verdächtig gemacht hat.

Hinweise zum Einsatz im Unterricht

Die Erarbeitung kann nach einem Vortrag und der Klärung von Verständnisfragen unter folgenden Leitfragen erfolgen:

- *Untersuchen Sie die ersten beiden Strophen metrisch und ermitteln Sie, welche Wirkung von dem Wechsel ausgeht.*
- *Goethe bezeichnete die Ballade als „Urei" der Dichtung, weil sie die Merkmale aller Literaturgattungen (Dramatik, Epik, Lyrik) vereine. Weisen Sie diese Einschätzung am vorliegenden Gedicht nach.*
- *Gliedern Sie die Liebe zwischen dem Gott und der Bajadere in einzelne Phasen.*
- *Bewerten Sie das in dem Gedicht zum Ausdruck kommende Geschlechterverhältnis.*

Notizen

Fünfte Römische Elegie

1786 reiste Goethe plötzlich und ohne Absprachen nach Italien, wo er etwa 18 Monate blieb. Seine nach der Rückkehr aus Rom entstandenen Elegien verarbeiten die in Rom gewonnenen Erfahrungen.

Froh empfind ich mich nun auf klassischem Boden begeistert,
Vor- und Mitwelt spricht lauter und reizender mir.
Hier befolg ich den Rat, durchblättre die Werke der Alten
Mit geschäftiger Hand, täglich mit neuem Genuss.
Aber die Nächte hindurch hält Amor[1] mich anders beschäftigt;
Werd ich auch halb nur gelehrt, bin ich doch doppelt beglückt.
Und belehr ich mich nicht, indem ich des lieblichen Busens
Formen spähe, die Hand leite die Hüften hinab?
Dann versteh ich den Marmor erst recht: ich denk und vergleiche,
Sehe mit fühlendem Aug, fühle mit sehender Hand.
Raubt die Liebste denn gleich mir einige Stunden des Tages,
Gibt sie Stunden der Nacht mir zur Entschädigung hin.
Wird doch nicht immer geküsst, es wird vernünftig gesprochen,
Überfällt sie der Schlaf, lieg ich und denke mir viel.
Oftmals hab ich auch schon in ihren Armen gedichtet
Und des Hexameters Maß leise mit fingernder Hand
Ihr auf den Rücken gezählt. Sie atmet in lieblichem Schlummer,
Und es durchglühet ihr Hauch mir bis ins Tiefste die Brust.
Amor schüret die Lamp' indes und gedenket der Zeiten,
Da er den nämlichen Dienst seinen Triumvirn[2] getan.
(v 1794)

Hamburger Ausgabe. Band 1. Gedichte und Epen. Herausgegeben von Erich Trunz. München: 16. Auflage 1996, S. 160

J.W. Goethe, aus dem Fenster seiner römischen Wohnung am Corso blickend. Zeichnung von J.H.W. Tischbein

[1] römischer Liebesgott, Sohn der Venus
[2] Anspielung auf die drei römischen Dichter Catull, Properz und Tibull, die vor allem Liebesgedichte schrieben

Die Elegie

Die E. ist in der Antike ursprünglich die Bezeichnung für ein Gedicht, das in Distichen abgefasst ist. Später wurde der Begriff vor allem für Gedichte mit wehmütigem bzw. klagendem Inhalt verwendet. Das elegische Distichon besteht aus zwei unterschiedlichen Versfüßen, dem Hexameter (von griech. hexa = 6) und dem Pentameter (von griech. penta = 5), die sich im Gedicht abwechseln. Der Hexameter ist ein sechshebiger daktylischer oder trochäischer Vers. Auch der Pentameter besteht trotz seines Namens aus einem sechshebigen daktylischen bzw. trochäischen Vers, bei dem allerdings nach der dritten und der letzten Hebung die Senkungen fehlen. Im Deutschen lässt sich das elegische Distichon wie folgt darstellen:

/ / / / / /
XX(X) XX(X) XX(X) XX(X) XX(X) XX(X)
/ / / / / /
XX(X) XX(X) X | XX(X) XX(X) X

- *Fertigen Sie mithilfe der Informationen zur Elegie auf dem Arbeitsblatt eine metrische Analyse zu dem Gedicht an.*
- *Mit welchen Dingen beschäftigt sich das lyrische Ich in Rom? Welche Funktion spielt hierbei die Beziehung zu seiner Geliebten?*
- *Mit welchen sprachlichen Mitteln beschreibt Goethe diese Beziehung?*
- *Welche Bedeutung hat die Übernahme des antiken Versmaßes für die Aussage dieses Gedichts?*

Siebte Römische Elegie

Die Pyramide des Cestius im Vollmondlicht. Federzeichnung Goethes, 1788

O wie fühl ich in Rom mich so froh, gedenk ich der Zeiten,
Da mich ein graulicher Tag hinten im Norden umfing,
Trübe der Himmel und schwer auf meine Scheitel sich senkte,
Farb- und gestaltlos die Welt um den Ermatteten lag,
Und ich über mein Ich, des unbefriedigten Geistes
Düstre Wege zu spähn, still in Betrachtung versank.
Nun umleuchtet der Glanz des helleren Äthers die Stirne.
Phöbus[1] rufet, der Gott, Formen und Farben hervor.
Sternhell glänzet die Nacht, sie klingt von weichen Gesängen,
Und mir leuchtet der Mond heller als nordischer Tag.
Welche Seligkeit ward mir Sterblichem! Träum ich? Empfänget
Dein ambrosisches[2] Haus, Jupiter Vater, den Gast?
Ach, hier lieg ich und strecke nach deinen Knien die Hände
Flehend aus. O vernimm, Jupiter Xenius[3], mich!
Wie ich hereingekommen, ich kanns nicht sagen: es fasste
Hebe[4] den Wandrer und zog mich in die Hallen heran.
Hast du ihr einen Heroen heraufzuführen geboten?
Irrte die Schöne? Vergib! Lass mir des Irrtums Gewinn!
Deine Tochter Fortuna[5], sie auch! die herrlichsten Gaben
Teilt als ein Mädchen sie aus, wie es die Laune gebeut.
Bist du der wirtliche Gott? O dann so verstoße den Gastfreund
Nicht von deinem Olymp wieder zur Erde hinab!
„Dichter! Wohin versteigest du dich?" – Vergib mir: der hohe
Kapitolinische Berg[6] ist dir ein zweiter Olymp[7].
Dulde mich, Jupiter, hier, und Hermes führe mich später
Cestius Mal[8] vorbei, leise zum Orkus[9] hinab.
(v 1794)

Hamburger Ausgabe. Band 1. Gedichte und Epen. Herausgegeben von Erich Trunz. München: 16. Auflage 1996, S. 162

1 Beiname des röm. Gottes Apollo, des Gottes des Lichts, aber auch der Schönen Künste
2 Ambrosia war die Speise der Götter.
3 der römische Göttervater in seiner Funktion als Schutzherr der Fremden
4 röm. Göttin der Jugend
5 röm. Glücksgöttin
6 einer der sieben Hügel Roms, auf dem sich die wichtigsten Tempel befanden
7 Sitz der Götter in Griechenland
8 Gemeint ist das pyramidenförmige Grabmal des Cestius.
9 Unterwelt

- *Fassen Sie den Inhalt des Gedichts gegliedert zusammen und analysieren Sie das Metrum.*
- *Welche Bedeutung hat Rom für die Stimmung des lyrischen Ichs? Wie wird diese gestaltet?*
- *Charakterisieren Sie die Stellung, die der Dichter sich hier erträumt.*

Venezianische Epigramme (1790)

Ansicht des Dogenpalastes in Venedig, Kupferstich, um 1780

Im Jahre 1790 hielt sich Goethe erneut für etwa sechs Wochen in Italien (Venedig) auf, als er der Herzogin Anna Amalia entgegenreisen sollte. In dieser Zeit entstanden die Venezianischen Epigramme, in denen Goethe seine neuerlichen Eindrücke von Italien, Kommentare zur aktuellen politischen Lage und anderes verarbeitete.

Venezianische Epigramme (Auswahl, 1790)

2.
Kaum erblickt' ich den blaueren Himmel, die glänzende Sonne,
Reich vom Felsen herab Epheu zu Kränzen geschmückt,
Sah den emsigen Winzer die Rebe der Pappel verbinden,
Ueber die Wiege Virgils[1] kam mir ein laulichter Wind;
Da gesellten sich wieder die Musen zum Freunde, wir pflogen
Abgerissnes Gespräch, wie es den Wanderer freut.

4.
Noch ist Italien, wie ichs verließ, noch stäuben die Wege,
Noch ist der Fremde geprellt, stell er sich wie er auch will;
Deutsche Rechtlichkeit suchst du in allen Winkeln vergebens,
Leben und Weben ist hier, aber nicht Ordnung und Zucht;
Jeder sorgt nur für sich, ist eitel, misstrauet dem andern,
Und die Meister des Staats sorgen nur wieder für sich.
Schön ist das Land, doch ach! Faustinen[2] find ich nicht wieder,
Das ist Italien nicht mehr, das ich mit Schmerzen verließ.

34b
Klein ist unter den Fürsten Germaniens freilich der meine
Kurz und schmal ist sein Land, mäßig nur, was er vermag
Aber so wende nach innen, so wende nach außen die Kräfte
Jeder: da wär' es ein Fest, Deutscher mit Deutschen zu sein.
Doch was priesest du ihn, den Taten und Werke verkünden?

[1] römischer Dichter
[2] fiktiver Name der Geliebten aus den „Römischen Elegien"

Und bestochen erschien deine Verehrung vielleicht;
Denn mir hat er gegeben, was Große selten gewähren,
Neigung, Muße, Vetrauen, Felder und Garten und Haus.
Niemand braucht' ich zu danken als Ihm, und manches bedurft' ich
Der ich mich auf den Erwerb schlecht, als ein Dichter verstand.
Hat mich Europa gelobt, was hat mir Europa gegeben?
Nichts! Ich habe, wie schwer! Meine Gedichte bezahlt.
Deutschland ahmte mich nach, und Frankreich mochte mich lesen.
England! Freundlich empfingst du den zerrütteten Gast.
Doch was fördert es mich, dass auch sogar der Chinese
Malet mit ängstlicher Hand, Werthern und Lotten[1] auf Glas?
Niemals frug ein Kaiser nach mir, es hat sich kein König
Um mich bekümmert, und er war mir August[2] und Mäcen[3].

50.
Alle Freiheits-Apostel sie waren mir immer zuwider,
Denn es suchte doch nur jeder die Willkühr für sich.
Willst du viele befrein, so wag es vielen zu dienen!
Wie gefährlich das sei, willst du es wissen? versuchs.

53.
Frankreichs traurig Geschick, die Großen mögen's bedenken!
Aber bedenken fürwahr sollen es Kleine noch mehr.
Große gingen zu Grunde: doch wer beschützte die Menge
Gegen die Menge? Da war Menge der Menge Tyrann.

55.
„Sage, thun wir nicht recht? Wir müssen den Pöbel betrügen,
Sieh wie ungeschickt wild, sieh nur, wie dumm er sich zeigt."
Ungeschickt scheint er und dumm, weil ihr ihn eben betrüget,
Seyd nur redlich, und er, glaubt mir, ist menschlich und klug.

56.
Fürsten prägen so oft, auf kaum versilbertes Kupfer,
Ihr bedeutendes Bild, lange betrügt sich das Volk.
Schwärmer prägen den Stempel des Geistes auf Unsinn und Lügen,
Wer den Probierstein nicht hat, hält sie für redliches Gold.

58.
Lange haben die Großen der Franzen Sprache gesprochen,
Halb nur geachtet den Mann, dem sie vom Munde nicht floss;
Nun lallt alles Volk entzückt die Sprache der Franken,
Zürnet Mächtige nicht, was ihr verlangtet, geschieht.
(v 1795)

Johann Wolfgang Goethe: Gedenkausgabe der Werke, Briefe und Gespräche. Band 1: Gedichte. Herausgegeben von Ernst Beutler. Zürich und Stuttgart: Artemis Verlag, 2. Auflage 1961, S. 221 ff.

1 Figuren aus Goethes Roman „Die Leiden des jungen Werther"
2 Wortspiel, das sich sowohl auf den römischen Kaiser Augustus als auch auf den gepriesenen Herzog Karl August beziehen lässt
3 Maecenas stammte aus einem alten Königsgeschlecht und war als Freund des Kaisers Augustus ein Förderer vieler Literaten.

- *Formulieren Sie zu jedem der obigen Epigramme die Aussage in thesenartiger Form.*
- *Versuchen Sie, eine Erklärung für das unterschiedliche Italienbild der Epigramme gegenüber den „Römischen Elegien" zu finden.*
- *Informieren Sie sich überblicksartig über die Ereignisse der Französischen Revolution und versuchen Sie, Goethes Position zu ihr zu ermitteln.*
- *Analysieren Sie die Gedichte metrisch. Informieren Sie sich in einem Ihnen zugänglichen Nachschlagewerk über die Gattung des Epigramms und überprüfen Sie, ob und inwiefern diese Epigramme die Gattungsmerkmale erfüllen.*

Dauer im Wechsel

Dauer im Wechsel (1803)

Hielte diesen frühen Segen,
Ach, nur *eine* Stunde fest!
Aber vollen Blütenregen
Schüttelt schon der laue West.
Soll ich mich des Grünen freuen,
Dem ich Schatten erst verdankt?
Bald wird Sturm auch das zerstreuen,
Wenn es falb im Herbst geschwankt.

Willst du nach den Früchten greifen,
Eilig nimm dein Teil davon!
Diese fangen an zu reifen,
Und die andern keimen schon;
Gleich mit jedem Regengusse
Ändert sich dein holdes Tal,
Ach, und in demselben Flusse
Schwimmst du nicht zum zweiten Mal.

Du nun selbst! Was felsenfeste
Sich vor dir hervorgetan,
Mauern siehst du, siehst Paläste
Stets mit andern Augen an.
Weggeschwunden ist die Lippe,
Die im Kusse sonst genas,
Jener Fuß, der an der Klippe
Sich mit Gemsenfreche maß.

Jene Hand, die gern und milde
Sich bewegte, wohlzutun,
Das gegliederte Gebilde,
Alles ist ein andres nun.
Und was sich an jener Stelle
Nun mit deinem Namen nennt,
Kam herbei wie eine Welle,
Und so eilt's zum Element.

Lass den Anfang mit dem Ende
Sich in eins zusammenziehn!
Schneller als die Gegenstände
Selber dich vorüberfliehn.
Danke, dass die Gunst der Musen
Unvergängliches verheißt:
Den Gehalt in deinem Busen
Und die Form in deinem Geist.
(v 1804)

Hamburger Ausgabe. Band 1. Gedichte und Epen. Herausgegeben von Erich Trunz. München: 16. Auflage 1996, S. 247f.

Goethe im Alter von 51 Jahren. Kreidezeichnung von Friedrich Bury

- *Mit welchen Bildern beschreibt das Gedicht die Vergänglichkeit?*
- *Was wird dieser Vergänglichkeit gegenübergestellt?*
- *Informieren Sie sich über die Vanitas-Vorstellung des Barock und vergleichen Sie sie mit der Darstellung von Vergänglichkeit hier.*

Natur und Kunst (verzettelt)

Natur und Kunst, sie scheinen sich zu fliehen
......

Und das Gesetz nur kann uns Freiheit geben.

Und wenn wir erst in abgemessnen Stunden

So ists mit aller Bildung auch beschaffen:

Wer Großes will, muss sich zusammenraffen;

Vergebens werden ungebundne Geister

Nach der Vollendung reiner Höhe streben

Und haben sich, eh man es denkt, gefunden;

Mag frei Natur im Herzen wieder glühen.

Der Widerwille ist auch mir verschwunden,

In der Beschränkung zeigt sich erst der Meister,

Es gilt wohl nur ein redliches Bemühen!

Mit Geist und Fleiß uns an die Kunst gebunden,

Und beide scheinen gleich mich anzuziehen

Sonett [ital. sonetto, eigentlich „Klinggedicht", zu lat. sonus „Klang", „Schall"]: aus Italien stammende strenge lyrische Form. Das S. besteht aus 14 Zeilen, die sich auf zwei Quartette (Vierzeiler) und zwei Terzette (Dreizeiler) verteilen. Das v.a. von PETRARCA zugrunde gelegte Reimschema abba abba cdc dcd wurde schon früh auf mannigfaltige Weise variiert. Mit der äußeren Gliederung deckt sich i.d.R. die inhaltliche Struktur. So gibt es nach den Quartetten meist einen deutlichen Absatz. Das 17. Jh. benutzte als Vers überwiegend den Alexandriner; die Reihen sind jambische Fünfheber mit weiblichem Schluss. Der Vorteil der strengen Form besteht vornehmlich darin, dass sie den Dichter zwingt, seine Gefühle und Empfindungen stärker zu objektivieren. Überhaupt neigt das S. zu mehr gedanklicher als rein gefühlsmäßiger Auseinandersetzung. Es ist eine anspruchsvolle Form und daher kaum geeignet für belanglose Inhalte. Es strebt nach gültiger Aussage. [...]
Das S. wurde seit dem 14. Jh., v.a. von DANTE ALIGHIERI und FRANCESCO PETRARCA gepflegt. Im 16. Jh. gelangte das S. auch nach Deutschland und war dort seit dem 17. Jh. überaus beliebt. Seit der Romantik (AUGUST WILHELM SCHLEGEL, JOSEPH VON EICHENDORFF) erlebte es eine neuerliche Blüte. Selbst um die Jahrhundertwende wurde die Sonettform immer wieder verwendet, im Symbolismus (RAINER MARIA RILKE, STEFAN GEORGE) und im Expressionismus (JOHANNES R. BECHER, GEORG HEYM) sowie in der Nachkriegsliteratur (LUDWIG HARIG, RAINER KIRSCH).

Aus: Schülerduden Literatur. Mannheim: Bibliografisches Institut, 3. Auflage 2004, S. 334f.

- *Bringen Sie mithilfe der Informationen zur Gedichtform des Sonetts die ungeordneten Verse des Gedichts in die richtige Reihenfolge.*
- *Überlegen Sie, inwiefern die gewählte Gedichtform mit der Aussage korrespondiert.*

Natur und Kunst

Natur und Kunst, sie scheinen sich zu fliehen
Und haben sich, eh man es denkt, gefunden;
Der Widerwille ist auch mir verschwunden,
Und beide scheinen gleich mich anzuziehen.

Es gilt wohl nur ein redliches Bemühen!
Und wenn wir erst in abgemessnen Stunden
Mit Geist und Fleiß uns an die Kunst gebunden,
Mag frei Natur im Herzen wieder glühen.

So ists mit aller Bildung auch beschaffen:
Vergebens werden ungebundne Geister
Nach der Vollendung reiner Höhe streben.

Wer Großes will, muss sich zusammenraffen;
In der Beschränkung zeigt sich erst der Meister,
Und das Gesetz nur kann uns Freiheit geben.
(v 1802)

Hamburger Ausgabe. Band 1. Gedichte und Epen. Herausgegeben von Erich Trunz. München: 16. Auflage 1996, S. 245

- *Welches Verhältnis zwischen Kunst und Natur stellt das Gedicht fest?*
- *Wie werden diese beiden Bereiche in dem Gedicht beschrieben?*
- *Nehmen Sie kritisch Stellung zur Aussage des Gedichts.*

Der Gott und die Bajadere[1] (1797)

Indische Legende

Mahadöh[2], der Herr der Erde,
Kommt herab zum sechsten Mal,
Dass er unsers gleichen werde,
Mit zu fühlen Freud' und Qual.
Er bequemt sich hier zu wohnen,
Lässt sich alles selbst geschehn,
Soll er strafen oder schonen,
Muss er Menschen menschlich sehn.
Und hat er die Stadt sich als Wandrer betrachtet,
Die Großen belauert, auf Kleine geachtet,
Verlässt er sie abends, um weiterzugehn.

Als er nun hinausgegangen
Wo die letzten Häuser sind,
Sieht er, mit gemalten Wangen,
Ein verlornes schönes Kind:
„Grüß dich, Jungfrau!" – „Dank der Ehre!
Wart, ich komme gleich hinaus." –
„Und wer bist du?" – „Bajadere!
Und dies ist der Liebe Haus."
Sie rührt sich die Cymbeln[3] zum Tanze zu schlagen,
Sie weiß sich so lieblich im Kreise zu tragen,
Sie neigt sich und biegt sich und reicht ihm den Strauß.

Schmeichelnd zieht sie ihn zur Schwelle,
Lebhaft ihn ins Haus hinein.
„Schöner Fremdling, lampenhelle
Soll sogleich die Hütte sein,
Bist du müd', ich will dich laben,
Lindern deiner Füße Schmerz;
Was du willst, das sollst du haben,
Ruhe, Freuden oder Scherz."
Sie lindert geschäftig geheuchelte Leiden,
Der Göttliche lächelt, er siehet, mit Freuden,
Durch tiefes Verderben ein menschliches Herz.

Und er fordert Sklavendienste
Immer heitrer wird sie nur.
Und des Mädchens frühe Künste
Werden nach und nach Natur.
Und so stellet nach der Blüte
Bald und bald die Frucht sich ein,
Ist Gehorsam im Gemüte
Wird nicht fern die Liebe sein.
Aber sie schärfer und schärfer zu prüfen
Wählet der Kenner der Höhen und Tiefen
Lust und Entsetzen und grimmige Pein.

Kunstpostkarte aus der Zeit des Jugendstils: Der Gott und die Bajadere

Und er küsst die bunten Wangen
Und sie fühlt der Liebe Qual,
Und das Mädchen steht gefangen,
Und sie weint zum ersten Mal,
Sinkt zu seinen Füßen nieder
Nicht um Wollust noch Gewinst[4],
Ach und die gelenken Glieder
Sie versagen allen Dienst.
Und so zu des Lagers vergnüglicher Feier,
Bereiten den dunklen behaglichen Schleyer
Die nächtlichen Stunden das schönste Gespinst.

Spät entschlummert unter Scherzen,
Früh erwacht nach kurzer Rast,
Findet sie an ihrem Herzen
Tot den viel geliebten Gast,
Schreiend stürzt sie auf ihn nieder,

[1] indische Tempeltänzerin, von Europäern oft mit Prostituierten verwechselt
[2] Beiname des ind. Gottes Schiva
[3] Becken (Schlaginstrument)
[4] Gewinn

Aber nicht erweckt sie ihn,
Und man trägt die starren Glieder
Bald zur Flammengrube hin.
Sie höret die Priester, die Totengesänge
Sie raset und rennet und teilet die Menge.
„Wer bist du? was drängst du zur Grube dich hin?"

Bey der Bare stürzt sie nieder,
Ihr Geschrey durchdringt die Luft:
„Meinen Gatten will ich wieder!
Und ich such ihn in der Gruft.
Soll zu Asche mir zerfallen
Dieser Glieder Götterpracht?
Mein! er war es, mein vor allen!
Ach! nur Eine süße Nacht!"
Es singen die Priester: „Wir tragen die Alten,
Nach langem Ermatten und spätem Erkalten,
Wir tragen die Jugend, noch eh sies gedacht,

Höre deiner Priester Lehre:
Dieser war dein Gatte nicht,
Lebst du doch als Bajadere,
Und so hast du keine Pflicht.
Nur dem Körper folgt der Schatten
In das stille Totenreich
Nur die Gattin folgt dem Gatten
Das ist Pflicht und Ruhm zugleich.
Ertöne, Drommete[1], zu heiliger Klage
O! nehmet, ihr Götter! die Zierde der Tage,
O! nehmet den Jüngling in Flammen zu euch."

So das Chor, das ohn' Erbarmen
Mehret ihres Herzens Not,
Und mit ausgestreckten Armen
Springt sie in den heißen Tod,
Doch der Götterjüngling hebet
Aus der Flamme sich empor,
Und in seinen Armen schwebet
Die Geliebte mit hervor,
Es freut sich die Gottheit der reuigen Sünder;
Unsterbliche heben verlorene Kinder
Mit feurigen Armen zum Himmel empor.

(v 1797)

Hamburger Ausgabe. Band 1. Gedichte und Epen. Herausgegeben von Erich Trunz. München: 16. Auflage 1996, S. 273

[1] Trompete

- *Untersuchen Sie die ersten beiden Strophen metrisch und ermitteln Sie, welche Wirkung von dem Wechsel ausgeht.*
- *Goethe bezeichnete die Ballade als „Urei" der Dichtung, weil sie die Merkmale aller Literaturgattungen (Dramatik, Epik, Lyrik) vereine. Weisen Sie diese Einschätzung am vorliegenden Gedicht nach.*
- *Gliedern Sie die Liebe zwischen dem Gott und der Bajadere in einzelne Phasen.*
- *Beurteilen Sie das in dem Gedicht zum Ausdruck kommende Geschlechterverhältnis.*

Baustein 4

Das Alterswerk (1806–1832)

4.1 Biografische Einführung

In merkwürdigem Kontrast zu Goethes Erschütterung anlässlich des Todes von Friedrich Schiller steht seine Reaktion auf die politischen Umwälzungen seiner Zeit, die er als bloßer Beobachter verfolgte. 1806 konstituierte Napoleon den Rheinbund, worauf Franz II. die deutsche Kaiserkrone niederlegte und sich fortan Kaiser von Österreich nannte. Als Napoleon auch nach preußischen Besitzungen griff, erklärte Preußen Frankreich den Krieg. In der Doppelschlacht bei Jena und Auerstedt, also auf Boden des Fürstentums Weimar, erlitt Preußen eine vernichtende Niederlage, die den Krieg beendete. Im Zuge dieser Auseinandersetzung kam es auch zur Einquartierung französischer Truppen und zur versuchten Plünderung von Goethes Besitz, die von Christiane Vulpius aber tatkräftig unterbunden wurde. Goethe selbst begrüßte die Herrschaft Napoleons als Beendigung des Chaos der Französischen Revolution, eine Wertschätzung, die auf Gegenseitigkeit beruhte, wie die mehrfachen Treffen beider anlässlich des Erfurter Hoftages von 1808 zeigten. Über den Verlauf dieser Treffen sowie die Gesprächsthemen gibt es höchst unterschiedliche Versionen, wobei die Schilderungen Goethes für diesen selbst sehr viel schmeichelhafter sind als etwa der eher nüchterne Bericht des französischen Außenministers Talleyrand. Einmal mehr zeigt sich hier möglicherweise Goethes Tendenz zur Selbststilisierung. Immerhin zahlte sich die Begegnung für Goethe persönlich aus, indem er am 14. Oktober 1808 das Großkreuz der Ehrenlegion erhielt, eine Auszeichnung, die er fortan mit Stolz trug und 1813 erst nach massiven Protesten eines bei ihm einquartierten österreichischen Generals zeitweilig ablegte, nicht ohne sich freilich zuvor eine vergleichbare österreichische Auszeichnung gesichert zu haben. Nachdem die Verleihung des Kreuzes der Ehrenlegion wenig später durch die zurückgekehrten Bourbonen quasi vom Anruch des Usurpators Napoleon reingewaschen war, trug er fortan beide Auszeichnungen abwechselnd.

Legalisiert wurde in diesen Jahren auch die Verbindung zu Christiane Vulpius, die jedoch in der Weimarer Gesellschaft auch weiterhin nur eine Schattenexistenz fristete. Ansonsten war die napoleonische Zeit auch eine Zeit der Abschiede, da zahlreiche Weggefährten Goethes wie Herder, Wieland und Anna Amalia starben. Dichterisch kann jedoch diese Zeit als eine der produktivsten in Goethes Leben gelten, da neben den „Wahlverwandtschaften" und großen Gedichtzyklen wie dem „West-östlichen Divan" auch der erste Teil des „Faust" sowie die umfangreichen biografischen Schriften entstanden.

1816 starb Christiane Vulpius, was dazu führte, dass sich Goethe mehr und mehr aus dem öffentlichen Leben zurückzog, eine Tendenz, die sich durch den im Streit erfolgten Rückzug als Intendant des Weimarer Staatstheaters 1817 noch verstärkte. Goethe widmete sich nun vermehrt der Ordnung seines Nachlasses. Es gelang ihm, sich durch persönliche Intervention beim Deutschen Bund vor Raubdruckern zu schützen und seine erst 1831 beendete Ausgabe letzter Hand für die ungeheure Summe von 60 000 Talern an den Verleger Cotta zu verkaufen.

Zur Erholung besuchte er immer wieder die böhmischen Bäder. Bei seinem letzten Besuch in Marienbad 1821 verliebte er sich in die erst 17-jährige Ulrike von Levetzow und ließ zwei Jahre später mit Unterstützung des Herzogs, der der Familie ein sorgenfreies Leben am Weimarer Hof versprach, sogar um ihre Hand anhalten, was von ihrer Mutter freilich bereits im

Ansatz durch eine sofortige Abreise verhindert wurde. Goethe war zutiefst betrübt und schrieb aus diesem Anlass die berühmte „Marienbader Elegie". Diese Zurückweisung schmälerte jedoch nicht Goethes literarische Schaffenskraft, die sich noch in der Vollendung seines „Meister-Romans" und des zweiten Teils des „Faust" äußerte, den er 1831 vollendete und der erst nach seinem Tod als erster Band der „Nachgelassenen Schriften" erscheinen durfte. Goethe starb am 22. März 1832. Die Glorifizierung, an der er in seinen autobiografischen Schriften selbst tatkräftig mitgewirkt hatte, erreichte neue Höhepunkte. Der oft streitbare Neuerer wurde nun im kulturkonservativen Sinne vereinnahmt, dessen Erbe bewahrt werden müsse. Hieran entzündete sich wiederum Kritik, sodass Karlheinz Schulz' Einschätzung, dass das „deutsche Goethe-Bild [...] auf diese Weise nie zur Ruhe gekommen"[1] sei, als eine Art Quintessenz einer Rezeption gelten kann, die stets zwischen blinder Verehrung und ebenso blinder Ablehnung schwankte.

4.2 Das Leben als Fluss – Mächtiges Überraschen/ Mahomets Gesang

Das vorliegende Gedicht (**Arbeitsblatt 24**, S. 116f.) entstand in den Jahren 1807/08 als Teil eines großen Sonettzyklus, dessen Eingangsgedicht es bildet. Goethe las zu dieser Zeit die Sonette des Ariost und in seinem Bekanntenkreis las man sich gegenseitig selbst verfasste Sonette vor, was den Ansporn zu dieser Produktion gegeben hat. Zudem verstrickte sich der fast sechzigjährige Goethe, der 1806 Christiane Vulpius endlich geheiratet hatte, in eine gewagte Liebe zu der erst achtzehnjährigen Wilhelmine Herzlieb, für die er offenbar einige der Sonette schrieb. Der gesamte Zyklus wurde erst 1815 veröffentlicht, wobei Goethe darauf geachtet hat, allzu eindeutige Hinweise auf seine Neigung zu unterdrücken, indem er zwei Sonette, die allzu offensichtlich von der Liebe zu einem jungen Mädchen sprachen, zurückhielt. Sie wurden erst in spätere Ausgaben als die Nummern 16 und 17 aufgenommen.

Das Sonett bleibt inhaltlich ganz auf der Bildebene. Beschrieben wird der Weg eines Flusses vom Entspringen bis zum Stauen zu einem See. Das erste Quartett beginnt mit dem Entspringen aus „umwölktem Felsensaale", einer poetischen Umschreibung für eine Gebirgshöhle, und dem eiligen Hinabfließen Richtung Ozean. Die Wortwahl ist erlesen und lässt trotz der beschriebenen Eile das Geschehen gravitätisch und erhaben wirken. Der Fluss erscheint hierbei personifiziert und handelt aktiv, er „entrauscht" (V. 1) und „wandelt" (V. 4) Richtung Tal, was bereits auf den ersten Blick verdeutlicht, dass es in diesem Gedicht nicht um die Beschreibung eines Naturereignisses geht, sondern um die metaphorische Gestaltung eines Lebenslaufs. Der Fluss als offenkundige Verbildlichung des Lebens ist ein Motiv, das Goethe schon häufiger in seiner Lyrik verwandt hatte, etwa in „Mahomets Gesang" oder auch, wenngleich nur am Rande, in „Dauer im Wandel".

Das zweite Quartett beginnt mit der im Titel angedeuteten Überraschung, indem sich ein als Bergnymphe personifizierter Erdrutsch ereignet, der sich in den vorwärtsströmenden Fluss ergießt und dessen Lauf hemmt. Die weibliche Personifizierung kann an dieser Stelle als Hinweis auf eine Liebesbeziehung gelesen werden, die den ursprünglichen Lebensplan durcheinanderbringt, wenngleich auch andere Lesarten möglich sind, etwa allgemein als ein Ereignis, das entscheidend in den Lebenslauf eingreift und diesem eine neue Richtung gibt. Das erste Terzett beschreibt nun die Reaktion des Flusses auf dieses unerwartete Ereignis. Die Welle „staut zurück" (V. 9), versucht aber in der Folge, das Hindernis durch vermehrte Kraftanstrengung zu überwinden, wobei das Anrennen durch die Wiederholung der

[1] Schulz, Karlheinz: Goethe. Eine Biographie in 17 Kapiteln. Stuttgart 1999

Konjunktion „und" verdeutlicht wird. Der letzte Vers des ersten Terzetts fasst den neu erreichten Zustand aus der Sicht der Welle zusammen, die dem „Vater" nun nicht mehr entgegenstreben kann.

Das zweite Terzett unterzieht das Geschehen nun einer Deutung von außen: Beschrieben wird eine idyllische Szenerie, in der sich Gestirne in den Wellen spiegeln und die im letzten Vers als „ein neues Leben" bezeichnet wird. Dem Geschehen wird also eine neue Bedeutung beigemessen, indem es zu einer unvorhergesehenen Erfüllung wird.

Neben der naheliegenden Deutung als Lebensfluss hat man dieses Sonett auch ideengeschichtlich als Ausdruck eines allgemeinen Strebens des Menschen nach Vollendung interpretiert:

> „Der Mensch hat ein unbedingtes Streben zur Vollendung, zum immer-weiter Vordringen; das Leben, die eigene Unvollkommenheit treten ihm entgegen, setzen ihm Grenzen, er muss sich beschränken. Und er tut es willig und freudig und erkennt, dass in dieser Begrenzung ein großes Glück liegen kann, ein neues Leben. Auch hier bleibt dem Menschen [...] der Abglanz des Göttlichen – symbolisiert in den Gestirnen, die sich im See spiegeln."[1]

Mag die Deutung der weiblichen Bergnymphe als Personifizierung der eigenen Unvollkommenheit etwas gewagt erscheinen und das in dem Gedicht verwendete Bild auch der postulierten Freiwilligkeit der Entscheidung widersprechen, so erscheint die Deutung der sich widerspiegelnden Gestirne als Abglanz des Göttlichen und damit der Vollkommenheit durchaus plausibel.

Hinweise zum Einsatz im Unterricht

Erfahrungsgemäß bereitet Schülern das Nachvollziehen des Geschehens wegen der poetisierten Sprache und der erlesenen Formulierungen erhebliche Schwierigkeiten. Um diese zu überwinden, kann es hilfreich sein, die Schüler zunächst zu einer produktiven Umsetzung des Gedichtes zu veranlassen, um zum einen ein möglichst genaues Lesen zu erzwingen und zum anderen durch die bildliche Umsetzung zu überprüfen, ob die einzelnen Bilder auch tatsächlich richtig aufgelöst wurden. Hierzu erhalten die Schüler folgenden Arbeitsauftrag:

- *Setzen Sie das in dem Gedicht beschriebene Geschehen in eine Bilderfolge um, die möglichst alle Gedichtbestandteile erfasst.*
- *Versehen Sie anschließend die Bilder mit geeigneten Überschriften, die den Textbezug verdeutlichen.*

Nachdem das Geschehen auf diese Weise erfasst wurde, kann im Unterrichtsgespräch eine erste Deutung erfolgen.

- *Versuchen Sie, das Geschehen im Gedicht als Metapher zu begreifen. Für was könnten die Metaphern dieses Gedichtes stehen?*

Auf der Grundlage der bisher behandelten Gedichte sollte sich ergeben, dass der Fluss letztlich vor allem als Lebensfluss sinnvoll gedeutet werden kann und dass das Stauen des Flusses als neue Lebenssituation aufgefasst werden kann, die aber nicht als Scheitern eines Lebensentwurfs zu verstehen ist, sondern im Sinne der Klassik als Vollendung durch Begrenzung verstanden werden kann. Das spezifisch Klassische an diesem Gedicht kann am besten dadurch erarbeitet werden, wenn man es mit einem motivgleichen Gedicht Goethes aus der

[1] Dzialas, Ingrid: Auffassung und Darstellung der Elemente bei Goethe. Berlin 1939. Hier zitiert nach Hamburger Ausgabe Band 1, S. 676

Epoche des Sturm und Drang vergleicht, nämlich dem aus dem Jahre 1773/74 stammenden und der frühen Hymnendichtung zuzuordnenden „Mahomets Gesang".

- *Beschreiben Sie, auf welche Weise in beiden Gedichten das Bild des Stroms entwickelt wird.*
- *Deuten Sie in beiden Gedichten dieses Bild und versuchen Sie, das jeweils zugrunde liegende Welt- und Menschenbild zu ermitteln. Beachten Sie hierbei besonders, wie das Bild des Stauens jeweils dargestellt wird.*
- *Unterziehen Sie beide Gedichte einer formalen Analyse und untersuchen Sie, ob Inhalt und formale Gestaltung in einem Zusammenhang stehen.*

Der Strom als zentrale Metapher

Mahomets Gesang (1773/74)

- Entspringen aus einer Felsenquelle, Sehnsucht nach dem Himmel
- Mitreißen seiner Bruderquellen
- Erblühen des Tals durch ihn
- Anschwellen zu einem großen Fluss in der Ebene durch weitere Bäche und Flüsse, die die Hindernisse allein nicht überwinden können
- Schöpfer einer Zivilisation
- Vereinigung mit dem „Vater", dem „ewigen Ozean"

⬇

überwältigende Wirkung und mitreißendes Genie des Religionsstifters Mohammed, der unbeirrbar und inspirierend seinen Weg geht; Wunsch nach Entgrenzung durch Vereinigung mit dem Göttlichen

Geniekult des Sturm und Drang

Mächtiges Überraschen (1807/08)

- Entspringen aus einer Felsenquelle, Sehnsucht nach dem „Vater"
- eiliges Streben nach dem Ozean
- Bergrutsch, der den Lauf hemmt
- Stau und Anschwellen des Wassers
- Bildung eines neuen Sees

⬇

Harmonie durch Anerkennung der Grenzen des Menschen und (freiwillige) Begrenzung

Lebensideal der Klassik

Insbesondere im Umgang mit dem Motiv des Hindernisses lässt sich dieses veränderte Lebensgefühl besonders gut verdeutlichen. In „Mächtiges Überraschen" fügt sich der Fluss nach kurzem vergeblichem Anrennen schließlich in das Unvermeidliche und gewinnt gerade dadurch eine neue Harmonie. Das Genie Mohammed kennt gar keine Hindernisse bzw. überwindet sie mühelos, doch die ihm zuströmenden Bäche und Flüsse beklagen sich über Hindernisse, die zu einem Versickern bzw. zum Aufstauen zu einem „Teich" führen würden. Es entsteht also gerade nicht Neues oder nur in einer Schrumpfform, die dem Menschen und insbesondere dem Genie nicht gemäß ist. Auch formal erweisen sich beide Gedichte als Spiegelbilder der Epochen, in denen sie entstanden sind. Den in Kurzversen gebundenen und durch eine Vielzahl von Enjambements geprägten freien Rhythmen steht die strenge Form des Sonetts gegenüber, die geradezu als Inbegriff der formalen Begrenzung gelten kann.

4.3 Zweierlei Liebe – Gefunden

Die Entstehungsgeschichte dieses kleinen Gedichtes (**Arbeitsblatt 25**, S. 118) ist gut dokumentiert: Goethe schrieb es am 26. August auf dem Weg von Weimar nach Ilmenau und schickte es anschließend als Brief an seine Frau Christiane. Der Anlass war der 25. Jahrestag des Zusammentreffens beider, wodurch das Gedicht seinen Deutungshintergrund erhält.
Formal lässt es sich der volksliedhaften Lyrik zuordnen. Es besteht aus fünf Strophen zu je vier Versen. Verwendet wird durchgehend ein zweihebiger Jambus mit abwechselnd weiblicher und männlicher Kadenz sowie ein Kreuzreim, bei dem sich jedoch nur der zweite und vierte Vers reimen, ansonsten sind allenfalls gelegentliche Assonanzen feststellbar (z. B. V. 9, 11 – „brechen", „welken"). Auch sprachliche Mittel werden nur äußerst sparsam eingesetzt: Abgesehen von der zentralen Metapher der gebrochenen Blume ließe sich allenfalls noch die Neigung zum Dimunitiv sowie die Verwendung wertender Adjektive („schönen", „fein", „hübschen") nennen, die das Geschehen in den Bereich des Niedlichen rückt.
Das lyrische Ich berichtet zunächst von einem ungezielten Waldspaziergang, dem in der zweiten Strophe der „Fund" des Blümchens im Schatten folgt. Dem Versuch des Brechens widersetzt sich das Blümchen in der vierten Strophe mit dem Verweis auf sein Verwelken, woraufhin das lyrische Ich es ausgräbt und zu seinem Haus trägt, wo es weiter blüht und „zweigt". Angesichts des Motivs der gebrochenen Blume, das traditionell für die Entjungferung steht, ist das Gedicht leicht zu deuten: Das auf den flüchtigen Genuss erpichte lyrische Ich lässt sich von der Frau, symbolisiert durch eine Blume, unter Hinweis auf ihre gesellschaftliche Entehrung erweichen und nimmt sie in sein Haus auf. Der Hinweis auf ein „Zweigen" könnte im Hinblick auf Nachkommenschaft gedeutet werden. Bezieht man noch den Anlass mit ein, so sind die biografischen Bezüge überdeutlich: Goethe hatte 1788, nur einen Monat nach seiner Rückkehr, die kleinbürgerliche Christiane Vulpius in sein Haus aufgenommen, wo er in „wilder Ehe", wie man heute sagen würde, mit ihr zusammenlebte, bis er sie 1806 schließlich doch ehelichte.
Ähnlich wie in dem Gedicht angedeutet, war auch diese Beziehung keine Verbindung Gleichgestellter. Ebenso wenig wie in dem Gedicht das lyrische Ich auf die Zustimmung des Blümchens angewiesen ist, hatte Goethe eine gleichberechtigte Beziehung im Sinn, was sich allein daran zeigen lässt, dass er keinen Versuch unternahm, Christiane in die Weimarer Gesellschaft einzuführen, sodass sie nicht einmal dann an geselligen Treffen teilnehmen durfte, wenn sie in Goethes Haus stattfanden. So hat etwa Goethes „Freund" Schiller die Vulpius nicht ein einziges Mal zu Gesicht bekommen. Auch die Hochzeit im Jahre 1806 änderte an Christianes Außenseiterstellung nichts, ebenso wenig wie sie Goethe daran hinderte, anderen Frauen nachzustellen. Das Gedicht erfährt also eine Doppeldeutigkeit, indem es zum einen die Machtverhältnisse in dieser Beziehung völlig richtig darstellt, denn in beiden Fällen geht es um den Umgang mit einer Abhängigen, nicht um eine Partnerschaft, zum anderen evoziert der Gesamtkontext des Gedichtes aber eine Vorstellung von Bürgerlichkeit, die die Beziehung der beiden über weite Phasen nicht aufwies.

Hinweise für den Einsatz im Unterricht

Für Schüler stellt das Verständnis des Gedichtes in der Regel kein größeres Problem dar, lediglich das Motiv der gebrochenen Blume ist den Schülern in der Regel nicht geläufig, lässt sich aus dem Zusammenhang aber erschließen. Eine Erarbeitung könnte anhand von folgenden Leitfragen geschehen:

- *Übersetzen Sie die Bildsprache des Gedichtes in ein konkretes Geschehen. Gehen Sie hierbei vom Entstehungsanlass des Gedichtes aus.*

- *Versuchen Sie, aus dem Kontext zu ermitteln, wofür das Bild des Brechens einer Blume stehen könnte.*
- *Untersuchen Sie den Text auf sprachliche Mittel.*

Johann Wolfgang Goethe: Gefunden (1813)

Bildebene	**Übertragungsebene**
Spaziergang durch den Wald, ohne etwas zu suchen	Lebenskrise?
Finden einer schönen Blume im Schatten	Kennenlernen eines hübschen Mädchens niederen Standes
Wunsch, die Blume zu pflücken	Wunsch des Mannes nach sexueller Begegnung
Weigerung der Blume unter Verweis auf ihr Verwelken	drohende gesellschaftliche Entehrung des Mädchens
Ausgraben der Pflanze und Wiedereinpflanzen am Haus	feste Beziehung, Ehe (?)
Zweigen und Blühen	Kinder (?)

idealisierte Spiegelung der Beziehung Goethes zu Christiane Vulpius

Vertiefend bietet sich an dieser Stelle ein Referat über Christiane Vulpius an, das die Idealisierung durch das Gedicht deutlicher zutage treten lässt, verbunden mit folgendem weiterführendem Schreibauftrag:

- *Eine Antwort von Christiane Vulpius auf dieses Gedicht ist nicht überliefert. Verfassen Sie in der Rolle der Christiane einen Brief an Goethe, in dem Sie auf den Empfang dieses Gedichtes reagieren und Ihre Beziehung zu Goethe reflektieren.*

Ergeben werden die Briefe vermutlich, dass die weibliche Sicht vor dem Hintergrund der Kenntnis der genauen Umstände sehr viel weniger pittoresk ausfällt als das Gedicht. Bedacht werden sollten allerdings auch die Zeitumstände, denen heutige Vorstellungen von einer gleichberechtigten Partnerschaft völlig fremd waren. Um dies sowie den Epochenbezug deutlicher in den Horizont der Schüler zu rücken, bietet sich abschließend ein Vergleich mit Goethes „Heidenröslein" an, unter folgender Fragestellung:

- *Interpretieren Sie das Gedicht „Heidenröslein" und vergleichen Sie es im Hinblick auf die Verwendung des Blumenmotivs mit „Gefunden".*
- *Ordnen Sie vor diesem Hintergrund beide Gedichte in den Epochenzusammenhang ein.*

4.4 Die Wendung nach Osten – West-östlicher Divan (Selige Sehnsucht/Gingo biloba)

Einführung und Kurzinterpretation

Die Gedichtsammlung „West-östlicher Divan", die in Auszügen erstmalig 1816 und komplett erstmalig 1819 erschien und heute zu den Höhepunkten von Goethes lyrischem Schaffen gezählt wird, wurde von den Zeitgenossen eher verständnislos aufgenommen, was sich allein daran zeigen lässt, dass noch mehr als 50 Jahre nach Goethes Tod Exemplare der Erstausgabe beim Verlag erhältlich waren. Den Zeitgenossen fehlte offenbar der Zugang zu einer Literatur, die sich auf orientalische Wurzeln berief und deren Voraussetzungen von den Lesern nicht verstanden wurden. Goethe selbst reagierte bei der vollständigen Veröffentlichung darauf, indem er der Sammlung Erläuterungen zum besseren Verständnis beigab, ohne an der ungünstigen Aufnahme viel ändern zu können.

Goethe greift in dieser Sammlung auf Motive und Formelemente des persischen Dichters Hafis (14. Jahrhundert) zurück, den er 1814 in einer Übersetzung kennen und schätzen gelernt hatte. Ein großer Teil der Gedichte entstand während zweier Reisen an den Rhein, die Goethe 1814 unternahm. Das erste Gedicht „Hegire", eine französisierte Form des arabischen Hedschra, also der Flucht Mohammeds aus Mekka nach Medina, macht deutlich, dass das Dichten zu dieser politisch unsicheren Zeit auch wieder eine Flucht darstellte, in der der Dichter sich neu definierte und erfand. In dieser Aufbruchsstimmung fühlte Goethe sich offenbar zu einer Art Wettstreit mit dem persischen Dichter herausgefordert, wobei ihn insbesondere die Verbindung von Diesseitigkeit und mystischer Versenkung angezogen zu haben scheint. Das zweite Hauptthema der Sammlung ist die Liebe, beispielsweise im „Buch der Liebe" in traditionellen Bildern orientalischer Liebeslyrik. Anders als etwa in den „Römischen Elegien" kommt in den Gedichten der Sammlung auch die Geliebte zu Wort, nämlich im Buch „Suleika", das als ein Zwiegespräch zwischen den sich liebenden Hatem und Suleika gestaltet ist. Die pädagogische Liebe zu einem schönen Knaben bildet das Thema des „Schenkenbuches", das Wechselspiel von himmlischer und irdischer Liebe das des „Buches des Paradieses".

Der Orient bietet aber vor allem den Hintergrund der Dichtung, denn nur selten unternimmt es Goethe, orientalische Strophenformen in die deutsche Literatur einzuführen. Dennoch erweiterte gerade diese Sammlung, als „eingedeutschtes Fremdes"[1], die deutsche Literatur.

Für das vorliegende Unterrichtsmodell wurden die beiden Gedichte „Selige Sehnsucht" aus dem „Buch des Sängers" und „Gingo biloba" aus dem „Buch Suleika" ausgewählt (**Arbeitsblatt 26**, S. 119), ohne dass damit der Anspruch verbunden werden kann, mehr als einen kleinen Einblick in die Vielfalt dieses Alterswerks Goethes geben zu können.

Selige Sehnsucht gehört dabei zu den bekanntesten Gedichten aus diesem Zyklus, das zugleich eine Annäherung des alten Goethe an die Romantik anzudeuten scheint. Das Gedicht besteht aus vier Strophen zu je vier vierhebig trochäischen Versen, die durchgehend den Kreuzreim verwenden. Assonanzen und zahlreiche Alliterationen verleihen dem Gedicht zusätzlich einen rhythmischen Fluss. Inhaltlich gehört das Gedicht zu den schwierigsten Gedichten Goethes überhaupt, da die verwendete Bildsprache chiffrenhaft wirkt und nicht eindeutig auflösbar erscheint.

Das Gedicht beginnt mit einer Ermahnung des lyrischen Ichs an den Leser, die zu empfangene Lehre nur an die „Weisen" (V. 1) weiterzugeben, denen die banausenhafte Menge gegenübergestellt wird, die aus Unverständnis der Lehre der Weisen nur Spott entgegenbringen kann. Das Gedicht unterscheidet also zwischen Eingeweihten und Menge und stellt auf diese Weise zum Leser das Verhältnis zwischen dem lehrenden Weisen, dem Dichter, und dem lesenden Jünger her. In der Folge wird der Kern der zu vermittelnden Lehre in Form des Paradoxons zwischen dem Lobpreis des Lebendigen und der gleichzeitigen Sehnsucht nach dem Flammentod zusammengefasst (vgl. V. 3f.). In gleichnishafter Form wird in den folgenden drei Strophen die Lehre erläutert, wobei der gleichnishafte Charakter erst am Schluss der vierten Strophe vollends deutlich wird, da hier klar wird, dass der Angesprochene gewechselt hat: War es in der ersten Strophe der Leser, so ist der Adressat nun ein Schmetterling. Dieser ist zunächst umfangen in einem ewigen Zyklus aus Gezeugtwerden und

---

[1] Hofmann, Michael und Edelmann, Thomas: Lyrik vom Barock bis zur Goethezeit. München 2002, S. 158

Zeugung, aus dem er durch den Anblick einer stillen Kerze gerissen wird. Dieser Anblick wird in der Folge zu einem Initiationsritus stilisiert, denn der Schmetterling erscheint nun nicht mehr von Finsternis umfangen, deren Umfassenheit durch das Hendiadyoin „Finsternis Beschattung" (V. 10) verdeutlicht wird, sondern im wahrsten Sinne des Wortes erleuchtet, woraufhin ihn das Verlangen nach „höherer Begattung" (V. 12) ergreift. Die Sehnsucht nach Nähe zu dieser neuen Erfahrung wird immer stärker und führt schließlich zum Verbrennen des Schmetterlings.

Das eigentlich in der orientalischen Liebeslyrik konventionelle Bild des Lebens als Nacht und der Liebenden als Schmetterlinge gewinnt durch Goethe eine neue Tiefe. Der Zeugungsakt wird hier nur zum Ausgangspunkt für etwas Neues, das nicht eindeutig bestimmt werden kann, aber vor dem Hintergrund der sonstigen Lyrik Goethes vermutlich am ehesten als Kunsterfahrung bzw. Erfahrung des Göttlichen gedeutet werden kann. Auch der Flammentod entzieht sich der Eindeutigkeit, da er sowohl als reale Selbstvernichtung als auch als künstlerische Selbstaufgabe verstanden werden kann. Die letzte Strophe greift wiederum den Anfang auf, indem erneut der Leser angesprochen und dazu aufgefordert wird, diesen Weg von Selbstaufgabe und künstlerischer Wiedergeburt selbst zu gehen, will er nicht in der Dunkelheit, die hier durch den Zusatz „trüber Gast" eindeutig negativ charakterisiert wird, enden.

Ähnlich populär wie „Selige Sehnsucht" ist auch das zweite für dieses Unterrichtsmodell ausgewählte Gedicht „Gingo biloba". Der Ginkgobaum gelangte erst um 1730 nach Europa und wurde rasch auch als exotische Gartenpflanze populär. Goethes Gedicht bezieht sich zum einen auf die besondere Blattbildung des Baumes, das fächerförmig und in der Mitte tief eingekerbt ist, was die Frage aufwarf, ob man es mit einem Wesen zu tun hat, das sich getrennt hat, oder mit zweien, die sich zusammengeschlossen haben. Hinzu kommt, dass der Ginkgobaum zweihäusig ist, also männliche und weibliche Pflanzen existieren. Es dürfte offenkundig sein, dass diese biologischen Besonderheiten insbesondere für die Liebeslyrik anregend sein können, sodass eigentlich trotz des botanischen Titels von vornherein klar ist, dass es sich um ein Liebesgedicht handelt.

Das Gedicht ist im September 1815 entstanden, als Goethe sich während einer Reise in die erst dreißigjährige Marianne Willemer verliebte, der er das Gedicht zusammen mit aufgeklebten Ginkgoblättern übersandte. Das Gedicht wirkt auf den ersten Blick volksliedhaft schlicht: Es besteht aus drei kreuzweise gereimten Strophen zu jeweils vier trochäischen Versen. Eine Ausnahme von der Verwendung des vierhebigen Trochäus bildet der erste Vers, in dem zwei Hebungen aufeinandertreffen („Baums Blatt"), eine metrische Unebenheit, die durch das Einfügen des Buchstabens e leicht zu beheben gewesen wäre, doch deutet diese Formulierung bereits die Unsicherheit an, von der im Gedicht die Rede ist.

Die erste Strophe bietet eine Einführung, in der von einem Geheimnis die Rede ist, das dieser Baum aufgibt. Dieses kann jedoch nur von den „Wissenden" „gekostet" werden. Erneut erhält der Inhalt des Textes schon in der Einleitung einen elitären und esoterischen Charakter. Die zweite Strophe erläutert in zwei Fragen dieses Geheimnis, das jedoch auch in der dritten Strophe nur durch eine Gegenfrage beantwortet wird, mit der das lyrische Ich behauptet, zugleich eins und doppelt zu sein. Kennzeichen der Liebe wie auch des Menschen überhaupt sind also Einheit und Trennung in verschiedene Sphären zugleich: „Immer wieder wurde in den bisherigen Interpretationen und Kommentaren [...] auf die Dualität als einem Geheimprinzip Goethe'schen Denkens und Dichtens hingewiesen: Hier ist sie bis zur Vollendung poetisch umgesetzt worden, indem Einheit und Zweiheit in ständiger gegenseitiger Bewegung sind"[1].

---

1 Bernhardt, Rüdiger: Goethe. Das lyrische Schaffen. 2. Aufl. Hollfeld 2009, S. 163

Hinweise zum Einsatz im Unterricht

Wegen der Fremdartigkeit der Motive kann es empfehlenswert sein, zunächst mit Informationen über die Herkunft und Veröffentlichung dieser Gedichte einzusteigen, an die sich dann eine Erarbeitung der Gedichte anschließen kann.

- *Informieren Sie sich über Entstehung und Aufbau der Gedichtsammlung „West-östlicher Divan".*

Zu „Selige Sehnsucht":

- *Gliedern Sie das Gedicht, indem Sie bestimmen, wer jeweils angesprochen wird.*
- *Bestimmen Sie den Gehalt der in dem Gedicht vermittelten „Lehre".*
- *Informieren Sie sich über den Sehnsuchtsbegriff in der Romantik und vergleichen Sie ihn mit der diesem Gedicht zugrunde liegenden Sehnsucht.*

Zu „Gingo biloba":

- *Beschreiben Sie das abgebildete Blatt eines Ginkgobaums und stellen Sie einen Bezug zum Inhalt des Gedichtes her.*
- *Interpretieren Sie es anschließend unter Berücksichtigung der Wechselwirkung zwischen Form und Inhalt.*

Die Ergebnisse können anschließend in folgenden Tafelbildern gesichert werden:

Johann Wolfgang Goethe: Selige Sehnsucht

Erste Strophe
Ankündigung der Einweihung in ein Geheimnis:
- Preisung der Sehnsucht des Lebendigen nach Selbstvernichtung
- Abgrenzung von der unverständigen Masse

Strophen 2–4
Verdeutlichung der Lehre durch Bild des Schmetterlings und der Kerze
- Kreislauf des Lebens
- Unterbrechung durch Ahnung (Kerze)
- Verlangen nach dieser zum Verbrennen

Letzte Strophe
Ermahnung zur Nachfolge:
- „Stirb und Werde!" (V. 18) oder „trüber Gast/Auf der dunklen Erde" (V. 19f.)

➡ **Erst Bereitschaft zur Selbstaufgabe führt den Menschen aus seiner Begrenztheit.**

Johann Wolfgang Goethe: Gingo biloba (1815)

„geheimer Sinn" im Blatt des Ginkgobaumes

ein in sich getrenntes Wesen? — zwei zu einem vereinte Wesen?

„Eins und Doppelt"
→ **Dualität als Lebensprinzip**

4.5 Alterslyrik – Dornburg, September 1828

Kurzinterpretation

Das vorliegende Gedicht (**Arbeitsblatt 27**, S. 120) entstand während des Aufenthalts auf den Dornberger Schlössern, auf die sich Goethe zurückgezogen hatte, um den Feierlichkeiten anlässlich des Begräbnisses von Herzog Karl August zu entgehen. Der Aufenthalt ist geprägt von einer erneuten Hinwendung zur Natur, von der auch dieses Gedicht zeugt, das als typisch für den tiefen Symbolgehalt der Alterslyrik anzusehen ist. Zugrunde legen kann man hierbei Goethes eigene Symboldefinition:
„Die Symbolik verwandelt die Erscheinung in Idee, die Idee ist ein Bild, und so, dass die Idee im Bild immer unendlich wirksam und unerreichbar bleibt und, selbst in allen Sprachen ausgesprochen, doch unaussprechlich bliebe. [...] Das ist wahre Symbolik, wo das Besondere das Allgemeine repräsentiert, nicht als Traum, sondern als lebendig-augenblickliche Erfahrung des Unerforschlichen."[1]
Das zunächst schlicht wirkende, aus drei vierzeiligen Strophen mit jeweils vierhebig trochäischen kreuzgereimten Versen bestehende Gedicht enthüllt seine Komplexität erst auf den zweiten Blick. Es besteht nur aus einem einzigen Satz mit finaler Struktur. Geschildert wird zunächst in einem mit der Konjunktion „wenn" eingeleiteten Satz, von dem noch nicht klar ist, ob er temporal oder konditional zu verstehen ist, ein Sonnenaufgang, der aus dem Grau der Nebelschleier die ersten Farben hervortreten lässt. In der zweiten Strophe wird das „Wenn" noch einmal aufgenommen und erweitert die Schilderung des Morgens um Bilder, die bereits den Übergang zum Mittag andeuten, indem die Sonne mithilfe des Ostwindes die Oberhand behält und die Wolken verjagt.
Die letzte Strophe enthüllt den Satz schließlich als Konditionalsatz, indem der nun angesprochene Dank am Morgen zur Voraussetzung für einen rötlich goldenen Sonnenuntergang erklärt wird. Das Gedicht gewinnt seine Spannung durch den lange herausgeschobenen Hauptsatz und die verdichtete Bildsprache: Der Tag als Verbildlichung des menschlichen Lebens ist ebenso vielseitig interpretierbar wie die Sonne, die als „Große, Holde" (vgl. V. 10) etwa als Verkörperung des Göttlichen gedeutet werden kann.

Hinweise für den Einsatz im Unterricht

Eine Erarbeitung kann im Unterricht unter folgender Fragestellung erfolgen:

- *Bestimmen Sie zunächst die Satzstruktur und ordnen Sie die dargestellten Naturphänomene den Tageszeiten zu.*
- *Deuten Sie die Bildsprache und ermitteln Sie ihren Symbolgehalt.*

Johann Wolfgang Goethe: Dornburg, September 1828

Morgen
- Nebelschleier
- Blumenkelche

Mittag
- klarer Tag
- blaue Sonnenbahn

→ *Wenn Dank an die Sonne* ←

(dann) ↓

Abend
rötlich vergoldeter Horizont

➡ **zuversichtliche Gewissheit eines erfüllten Lebens bei sittlicher Lebensführung**

[1] Goethe: Maximen und Reflexionen. Hamburger Ausgabe Band 12, S. 470f.

Mächtiges Überraschen/Mahomets Gesang

Mächtiges Überraschen (1807/08)

Ein Strom entrauscht umwölktem Felsensaale,
Dem Ozean sich eilig zu verbinden;
Was auch sich spiegeln mag von Grund zu Gründen,
Es wandelt unaufhaltsam fort zu Tale.
Dämonisch aber stürzt mit einem Male –
Ihr folgen Berg und Wald in Wirbelwinden –
Sich Oreas[1], Behagen dort zu finden.
Und hemmt den Lauf, begrenzt die weite Schale.
Die Welle sprüht, und staut zurück und weichet,
Und schwillt bergan, sich immer selbst zu trinken;
Gehemmt ist nun zum Vater hin das Streben.
Sie schwankt und ruht, zum See zurückgedeichet;
Gestirne, spiegelnd sich, beschaun das Blinken
Des Wellenschlags am Fels, ein neues Leben.

(v 1815)

Hamburger Ausgabe. Band 1. Gedichte und Epen. Herausgegeben von Erich Trunz. München: 16. Auflage 1996, S. 294

---

1 Bergnymphe

■ *Setzen Sie das in dem Gedicht beschriebene Geschehen in eine Bilderfolge um, die möglichst alle Gedichtbestandteile erfasst.*

■ *Versehen Sie anschließend die Bilder mit geeigneten Überschriften, die den Textbezug verdeutlichen.*

Mahomets[1] Gesang (1772/73)

Seht den Felsenquell,
Freudehell,
Wie ein Sternenblick;
Über Wolken
Nährten seine Jugend
Gute Geister
Zwischen Klippen im Gebüsch.

Jünglingsfrisch
Tanzt er aus der Wolke
Auf die Marmorfelsen nieder,
Jauchzet wieder
Nach dem Himmel.

Durch die Gipfelgänge
Jagt er bunten Kieseln nach,
Und mit frühem Führertritt
Reißt er seine Bruderquellen
Mit sich fort.

Drunten werden in dem Tal
Unter seinem Fußtritt Blumen,
Und die Wiese
Lebt von seinem Hauch.

Doch ihn hält kein Schattental,
Keine Blumen,
Die ihm seine Knie umschlingen,
Ihm mit Liebesaugen schmeicheln:
Nach der Ebne dringt sein Lauf
Schlangenwandelnd.

Bäche schmiegen
Sich gesellig an. Nun tritt er
In die Ebne silberprangend,
Und die Ebne prangt mit ihm,
Und die Flüsse von der Ebne
Und die Bäche von den Bergen
Jauchzen ihm und rufen: Bruder!
Bruder, nimm die Brüder mit,
Mit zu deinem alten Vater,
Zu dem ewgen Ozean,
Der mit ausgespannten Armen
Unser wartet
Die sich, ach! vergebens öffnen,
Seine Sehnenden zu fassen;
Denn uns frisst in öder Wüste
Gierger Sand; die Sonne droben
Saugt an unserm Blut; ein Hügel

---

1 Mohammed

Hemmet uns zum Teiche! Bruder,
Nimm die Brüder von der Ebne,
Nimm die Brüder von den Bergen
Mit, zu deinem Vater mit!

Kommt ihr alle! –
Und nun schwillt er
Herrlicher; ein ganz Geschlechte
Trägt den Fürsten hoch empor!
Und im rollenden Triumphe
Gibt er Ländern Namen, Städte
Werden unter seinem Fuß.

Unaufhaltsam rauscht er weiter,
Lässt der Türme Flammengipfel,
Marmorhäuser, eine Schöpfung
Seiner Fülle, hinter sich.

Zedernhäuser trägt der Atlas
Auf den Riesenschultern; sausend
Wehen über seinem Haupte
Tausend Flaggen durch die Lüfte,
Zeugen seiner Herrlichkeit.

Und so trägt er seine Brüder,
Seine Schätze, seine Kinder
Dem erwartenden Erzeuger
Freudebrausend an das Herz.

(v 1777)

Hamburger Ausgabe. Band 1. Gedichte und Epen. Herausgegeben von Erich Trunz. München: 16. Auflage 1996, S. 42ff.

- *Beschreiben Sie, auf welche Weise in beiden Gedichten das Bild des Stroms entwickelt wird.*
- *Deuten Sie in beiden Gedichten dieses Bild und versuchen Sie, das jeweils zugrunde liegende Welt- und Menschenbild zu ermitteln. Beachten Sie hierbei besonders, wie das Bild des Stauens jeweils dargestellt wird.*
- *Unterziehen Sie beide Gedichte einer formalen Analyse und untersuchen Sie, ob Inhalt und formale Gestaltung in einem Zusammenhang stehen.*

Gefunden/Heidenröslein

Gefunden (1813)

Ich ging im Walde
So für mich hin,
Und nichts zu suchen,
Das war mein Sinn.

Im Schatten sah ich
Ein Blümchen stehn,
Wie Sterne leuchtend,
Wie Äuglein schön.

Ich wollt es brechen,
Da sagt es fein:
Soll ich zum Welken
Gebrochen sein?

Ich grub's mit allen
Den Würzlein aus.
Zum Garten trug ich's
Am hübschen Haus.

Und pflanzt es wieder
Am stillen Ort;
Nun zweigt es immer
Und blüht so fort.

Hamburger Ausgabe. Band 1. Gedichte und Epen. Herausgegeben von Erich Trunz. München: 16. Auflage 1996, S. 254f.

Heidenröslein (1770/71)

Sah ein Knab' ein Röslein stehn,
Röslein auf der Heiden,
war so jung und morgenschön,
lief er schnell, es nah zu sehn,
sah's mit vielen Freuden.
Röslein, Röslein, Röslein rot,
Röslein auf der Heiden.

Knabe sprach: „Ich breche dich,
Röslein auf der Heiden!"
Röslein sprach: „Ich steche dich,
dass du ewig denkst an mich,
und ich will's nicht leiden."
Röslein, Röslein, Röslein rot,
Röslein auf der Heiden.

Und der wilde Knabe brach
's Röslein auf der Heiden;
Röslein wehrte sich und stach,
half ihm doch kein Weh und Ach,
musst' es eben leiden.
Röslein, Röslein, Röslein rot,
Röslein auf der Heiden.

Hamburger Ausgabe. Band 1. Gedichte und Epen. Herausgegeben von Erich Trunz. München: 16. Auflage 1996, S. 78f.

- *Übersetzen Sie die Bildsprache des Gedichtes in ein konkretes Geschehen. Gehen Sie hierbei vom Entstehungsanlass des Gedichtes aus.*
- *Versuchen Sie, aus dem Kontext zu ermitteln, wofür das Bild des Brechens einer Blume stehen könnte.*
- *Untersuchen Sie den Text auf sprachliche Mittel.*
- *Eine Antwort von Christiane Vulpius auf dieses Gedicht ist nicht überliefert. Verfassen Sie in der Rolle der Christiane einen Brief an Goethe, in dem Sie auf den Empfang dieses Gedichtes reagieren und Ihre Beziehung zu Goethe reflektieren.*
- *Interpretieren Sie das Gedicht „Heidenröslein" und vergleichen Sie es im Hinblick auf die Verwendung des Blumenmotivs mit „Gefunden".*
- *Ordnen Sie vor diesem Hintergrund beide Gedichte in den Epochenzusammenhang ein.*

West-östlicher Divan

Selige Sehnsucht

Sag es niemand, nur den Weisen,
Weil die Menge gleich verhöhnet:
Das Lebendge will ich preisen,
Das nach Flammentod sich sehnet.

In der Liebesnächte Kühlung,
Die dich zeugte, wo du zeugtest,
Überfällt dich fremde Fühlung,
Wenn die stille Kerze leuchtet.

Nicht mehr bleibest du umfangen
In der Finsternis Beschattung,
Und dich reißet neu Verlangen
Auf zu höherer Begattung.

Keine Ferne macht dich schwierig,
Kommst geflogen und gebannt,
Und zuletzt, des Lichts begierig,
Bist du Schmetterling verbrannt.

Und so lang du das nicht hast,
Dieses: Stirb und Werde!
Bist du nur ein trüber Gast
Auf der dunklen Erde.
(v 1819)

Hamburger Ausgabe. Band 2. Gedichte und Epen II. Herausgegeben von Erich Trunz. München: 16. Auflage 1996, S. 16

- *Informieren Sie sich über Entstehung und Aufbau der Gedichtsammlung „West-östlicher Divan“.*
- *Gliedern Sie das Gedicht, indem Sie bestimmen, wer jeweils angesprochen wird.*
- *Bestimmen Sie den Gehalt der in dem Gedicht vermittelten „Lehre“.*
- *Informieren Sie sich über den Sehnsuchtsbegriff in der Romantik und vergleichen Sie ihn mit der diesem Gedicht zugrunde liegenden Sehnsucht.*

Gingo biloba

Dieses Baums Blatt, der von Osten
Meinem Garten anvertraut,
Gibt geheimen Sinn zu kosten,
Wie's den Wissenden erbaut,

Ist es Ein lebendig Wesen,
Das sich in sich selbst getrennt?
Sind es zwei, die sich erlesen,
Dass man sie als Eines kennt?

Solche Frage zu erwidern,
Fand ich wohl den rechten Sinn,
Fühlst du nicht an meinen Liedern,
Dass ich Eins und doppelt bin?
(v 1819)

Hamburger Ausgabe. Band 2. Gedichte und Epen II. Herausgegeben von Erich Trunz. München: 16. Auflage 1996, S. 66

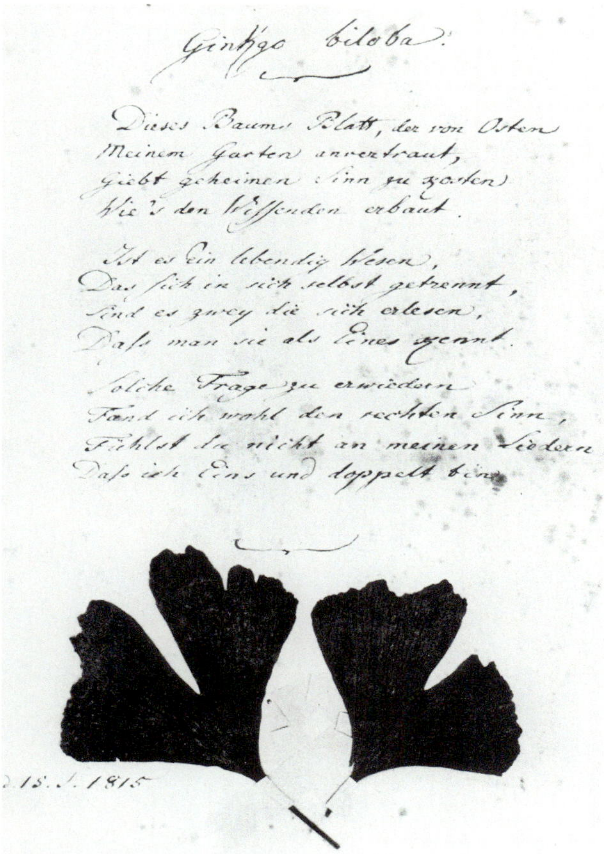
Gingko biloba:

Dieses Baums Blatt, der von Osten
Meinem Garten anvertraut,
Giebt geheimen Sinn zu kosten,
Wie's den Wissenden erbaut.

Ist es Ein lebendig Wesen,
Das sich in sich selbst getrennt,
Sind es zwey die sich erlesen,
Daß man sie als Eines kennt.

Solche Frage zu erwiedern
Fand ich wohl den rechten Sinn,
Fühlst du nicht an meinen Liedern
Daß ich Eins und doppelt bin.

Handschrift des Gedichts *Gingo biloba*, mit aufgeklebten Gingko-Blättern

- *Beschreiben Sie das abgebildete Blatt eines Ginkgobaums und stellen Sie einen Bezug zum Inhalt des Gedichtes her.*
- *Interpretieren Sie es anschließend unter Berücksichtigung der Wechselwirkung zwischen Form und Inhalt.*

Dornburg, September 1828

Früh, wenn Tal, Gebirg und Garten
Nebelschleiern sich enthüllen
Und dem sehnlichsten Erwarten
Blumenkelche bunt sich füllen;

Wenn der Äther, Wolken tragend,
Mit dem klaren Tage streitet,
Und ein Ostwind, sie verjagend,
Blaue Sonnenbahn bereitet,

Dankst du dann, am Blick dich weidend,
Reiner Brust der Großen, Holden,
Wird die Sonne, rötlich scheidend,
Rings den Horizont vergolden.

Hamburger Ausgabe. Band 1. Gedichte und Epen. Herausgegeben von Erich Trunz. München: 16. Auflage 1996, S. 391

- *Bestimmen Sie zunächst die Satzstruktur und ordnen Sie die dargestellten Naturphänomene den Tageszeiten zu.*
- *Deuten Sie die Bildsprache und ermitteln Sie ihren Symbolgehalt.*

Die Dornburger Schlösser. Kolorierte Umrissradierung von unbekanntem Künstler, um 1800

BS 4

Infoblatt: Analyse von Gedichten[1]

1. Textverständnis klären	• Mehrfaches Lesen • Markieren unbekannter Wörter, Begriffe, Namen • Markieren von Wörtern, die auffallen, von Schlüsselwörtern, Leitmotiven • Inhaltsangabe/Themenschwerpunkt von jeder Strophe erarbeiten • Formulieren eines/r ersten Leseeindruckes/Arbeitshypothese
2. Laut- und Klangfiguren	• **Alliteration** (Wdh. gleicher Anfangsbuchstaben) – **Anapher/Epipher** (Wdh. von Begriffen am Satzanfang/Satzende) – **Assonanz** (ähnlicher Klang) etc. • **Reim** (Haufenreim (aaaa), Paarreim (aabb), Kreuzreim (abab), umarmender Reim (abba), verschränkter Reim (abcabc), Schweifreim (aabccb) • **Männliche** (stumpfe Endung [z. B.: Wand]) und **weibliche** (unbetonte klingende Endung [z. B.: binden] **Kadenzen**
3. Äußere Form	• **Vers** (Zeile in einem Gedicht), **Strophe** (Sinneinheit im Gedicht) • **Metrum**: Jambus xXxX, Trochäus XxXx, Daktylus Xxx, Anapäst xxX • **Alexandriner** (sechshebiger Jambus mit Zäsur nach der dritten Hebung) • **Blankvers** (fünfhebiger Jambus), **Knittelvers** (vierhebiger Vers im Paarreim) • **Enjambement** (Zeilensprung), **Hakenstil** (Verkettung von Zeilensprüngen), **Reihungsstil**, **Simultanstil** (Verdichtung von parallel verlaufenden Geschehnissen), **Zeilenstil** (Sinneinheit endet mit jeder Zeile)
4. Besonderheiten der Sprache	• Bildlichkeit: **Metapher** (Am Fuß der Berge, Flussbett), **Allegorie** (Gott Amor für Liebe; nahezu eine Gleichsetzung: Amor = Liebe, Justitia = Gerechtigkeit), **Symbol** (Taube als Symbol des Friedens) • **Chiasmus** (Überkreuzstellung von Satzfügungen), **Ellipse** (unvollständige Sätze), **Euphemismus** (Beschönigung), **Hyperbel** (Übertreibung), **Neologismus** (Wortneuschöpfung), **Parallelismus** (Wdh. identischer Satzfügungen), **Personifikation** (Vermenschlichung), **Oxymoron** (zwei einander ausschließende Begriffe [schwarzer Schimmel]) etc.
5. Anfertigen einer Gedichtinterpretation	**Einleitung:** 1. Autor, Titel, Textsorte, Erscheinungszeit 2. Worum geht es? Klärung des Verständnisses (Thesenformulierung) **Hauptteil:** 3. Inhaltliche Wiedergabe: Gegebenenfalls inhaltliche Gliederung nach Strophen bzw.: Wie ist das Gedicht aufgebaut (Blankvers, Sonett, ...)? 4. Sprachliche Gestaltung: Zeitform, Satzbau, Besonderheiten der Sprache: Wortschatz, Metaphern, Allegorien, Vergleiche. Gibt es ein Leitmotiv? 5. Interpretation: linear- oder aspektorientiert, zentrale Aussage des Textes (These vom Beginn); Kopplung von Sprachanalyse und Textaussagen 6. Titelbezugnahme. Wie verhält sich der/die Inhalt/Textaussage zum Titel? 7. Lassen sich gesellschaftspolitische und andere Bezüge herstellen? 8. Lassen sich ggf. epochen-/zeitspezifische Elemente wiederfinden? **Schlussteil:** 9. Zusammenfassung, ggf. Bewertung, Rückkehr zur Deutungshypothese und deren Verifikation respektive Falsifikation

[1] Nach: Norbert Schläbitz: Lyrik nach 1945. EinFach Deutsch, hrsg. von J. Diekhans. Paderborn: Schöningh Verlag 2007, S. 174

Rhetorische Figuren (Stilfiguren)

Rhetorische Figur	Beleg	Erklärung
Die Akkumulation (lat. Anhäufung)	„Nun ruhen alte Wälder/Vieh, Menschen, Städte und Felder/ [...]" (Paul Gerhardt: *Es ruht alles*)	Um stärkere Bildhaftigkeit zu erreichen, werden anstelle des Oberbegriffs mehrere Unterbegriffe aufgezählt.
Die Alliteration (lat. litera = Buchstabe)	„Milch macht müde Männer munter." (Werbeslogan)	Wiederholung des Anfangslauts von Wörtern, auch als *Stabreim* bezeichnet
Das (der) *Anakoluth* (gr. anakoluthos = ohne Folge, Satzbruch)	„Es geschieht oft, dass, je freundlicher man ist, nur Undank wird einem zuteil."	Die grammatische Bauform von Anfang und Ende eines Satzes stimmt nicht überein. Entweder Zeichen der Nachlässigkeit oder absichtsvolles Stilmittel
Die Anapher (gr. anaphora = Rückbeziehung, Wiederaufnahme)	„*Wer nie* sein Brot mit Tränen aß,/ *Wer nie* die kummervollen Nächte/[...]" (Goethe: *Harfenspieler*)	Wiederholung eines Wortes oder einer Wortgruppe am Anfang aufeinanderfolgender Sätze zur syntaktischen Gliederung und rhetorischen Verstärkung
Die Antithese (gr. antithesis = Gegensatz)	„Der Wahn ist kurz, die Reu' ist lang." (Schiller: *Das Lied von der Glocke*)	Entgegenstellung: 1. als Gegenbehauptung zu einer These 2. als stilistische Gegenüberstellung (Kontrastierung)
Der Chiasmus (lat. in der Form des griech. Buchstabens, chi = χ, d. h. in Überkreuzstellung)	„Die Kunst ist lang, und kurz ist unser Leben." (Goethe: *Faust I*, Vers 558 f.) „Eng ist die Welt und das Gehirn ist weit." (Schiller: *Wallenstein*)	die symmetrische Überkreuzstellung (spiegelbildliche Anordnung) von syntaktisch oder bedeutungsmäßig einander entsprechenden Satzgliedern zur Verdeutlichung einer Antithese
Die Contradictio in adiecto (lat. = der Widerspruch im Beiwort)	„Die kleinere Hälfte." „Beredtes Schweigen."	eine Sonderform des Oxymoron, bei der ein Widerspruch zwischen Substantiv und adjektivischem Beiwort besteht
Die Correctio (lat. = Verbesserung)	„Wir müssen darum unsere Stimme eindringlich, ja beschwörend erheben." (K.G. Kiesinger, 1.10.1958)	Selbstberichtigung zur Steigerung einer Aussage, indem ein schwächerer durch einen gewichtigeren Ausdruck ersetzt wird
Die Ellipse (gr./lat. ellipsis = Auslassung, Mangel)	„Je schneller, desto besser." „Jung gewohnt, alt getan." „Woher so ein Atem?" (Schiller: *Fiesco*, III/4)	Auslassung eines Satzteils, der zum Verständnis nicht unbedingt notwendig ist. In der Dichtung wird so oft ein gesteigertes Gefühl ausgedrückt oder eine Pointierung erreicht.
Die Emphase (gr. emphasis = Verdeutlichung)	„Er ist ein Mensch", d. h. entweder • ein schwacher, irrender Mensch oder • ein guter, edler Mensch.	1. Nachdruck und Eindringlichkeit der Betonung und Gestik 2. Figur des uneigentlichen Ausdrucks
Der Euphemismus (gr. euphemia = Sprechen guter Worte)	„Freund Hein" für Tod; „das Zeitliche segnen" für sterben; „Nullwachstum" für Stagnation	Hüllwort, beschönigende Umschreibung einer unangenehmen, anstößigen oder unheilbringenden Sache

Rhetorische Figur	Beleg	Erklärung
Das Hendiadyoin (gr. = eins durch zwei)	„Hilfe und Beistand"; „Betrübnis und Trauer"	Ein Begriff wird zur Verstärkung durch zwei gleichwertige, mit „und" verbundene Wörter ausgedrückt.
Die Hyperbel (gr. hyperbole = das Übermaß) in Umgangssprache und Dichtung	1. blitzschnell, Schneckentempo 2. „Ein Schneidergesell, so dünn, dass die Steine durchschimmern könnten [...]" (H. Heine: *Herzreise)*	Übertreibung des Ausdrucks in vergrößerndem oder verkleinerndem Sinne
Die Hypotaxe (gr. hypotaxis = Unterordnung)	„Der jüngere Hausherr hatte, als der allgemeine Aufbruch begann, mit der Hand nach der linken Brustseite gegriffen, wo ein Papier knisterte, [...]" (Th. Mann: ***Buddenbrooks)***	im Gegensatz zur Parataxe eine kunstvoll geschachtelte Syntax, in der die Gedanken in Hauptsätze und abhängige Nebensätze gegliedert sind und so im Idealfall ein komplexes episches Gefüge ergeben
Die Inversion (lat. inversio = Umkehrung)	1. Sog. Kaufmannsinversion: „[...] und habe ich mich bemüht [...]" 2. „Groß ist die Diana der Epheser." (Apostelgesch. 19, 28) „Unendlich ist die jugendliche Trauer." (Novalis: *Heinrich von Ofterdingen)*	1. Das Ich am Satzanfang soll vermieden werden. 2. Die regelmäßige Wortfolge (meist von Subjekt und Prädikat) wird zur Ausdrucksverstärkung umgestellt, denn die Erststellung gibt besonderen Nachdruck.
Die Ironie (gr. eironeia = Verstellung, Schalkhaftigkeit)	Das hast du ja ganz toll hinbekommen.	Behauptung, die durchblicken lässt, dass eigentlich das Gegenteil gemeint ist
Die Katachrese (gr. katachresis = Missbrauch)	„Der Zahn der Zeit, der schon manche Träne getrocknet hat, wird auch über diese Wunde Gras wachsen lassen."	meist als Bild- oder Stilbruch durch die Verbindung metaphorischer Wendungen, die nicht zusammenpassen
Die Klimax (gr. = Steigleiter)	„Veni, vidi, vici." (Ich kam, sah, siegte.) „Heute back' ich, morgen brau' ich, übermorgen hol' ich der Königin ihr Kind." *(Rumpelstilzchen)*	Anordnung einer Wort- oder Satzreihe in kunstvoller Steigerung vom schwächeren zum stärkeren Ausdruck hin; vgl. Antiklimax = absteigende Stufenfolge
Die Litotes (gr. = Einfachheit, Schlichtheit)	„nicht übel" (= gut); nicht gerade einer der Tapfersten" (= ironisch für feige)	Durch untertreibende Ausdrucksweise (Understatement) oder Verneinung des Gegenteils wird etwas betont.
Die Metapher (gr. metaphora = Übertragung)	Licht der Wahrheit	Bezeichnung für die nicht wörtliche, die übertragene Bedeutung eines Wortes bzw. einer Aussage
Die Metonymie (gr. metonymia = Umbenennung)	Das Weiße Haus zeigte sich besorgt.	Ersetzung des eigentlichen Wortes durch ein anderes, das zu ihm in enger Beziehung steht
Die Onomatopoesie oder Onomatopöie (gr. von onoma = Name und poiein = schöpfen)	„stocksteif", „knistern und knastern"; „So heult es verworren, und ächzet und girrt, und brauset und sauset und krächzet und klirrt" (H. Heine: *Buch der Lieder)*	Laut- und Klangmalerei bei Wortbildungen, wobei vor allem akustische Eindrücke durch Sprache wiedergegeben werden
Das Oxymoron (gr. oxys = scharf, moros = dumm)	„Ein dunkler Ehrenmann" (Goethe: *Faust I*, Vor dem Tor); „alter Knabe"; „bittere Süße"; „traurigfroh"; „hell-dunkel"	Verbindung zweier sich logisch ausschließender Begriffe, die in pointierter Absicht eng miteinander verbunden werden (vgl. Contradictio in adiecto, Katachrese, Paradox)

Rhetorische Figur	Beleg	Erklärung
Das Paradoxon (gr. = das Unerwartete)	„Wer sein Leben gewinnen will, der wird es verlieren" (Matth. 10, 39); „Es ist merkwürdig, wie wenig im Ganzen die Erziehung – verdirbt." „Das Leben ist der Tod, und der Tod ist das Leben."	eine zunächst scheinbar widersinnige Behauptung, die aber bei genauerer Betrachtung auf eine höhere Wahrheit hinweist
Der Parallelismus (gr. parallelos = gleichlaufend)	„Heiß ist die Liebe, kalt ist der Schnee." „Gottes ist der Orient! Gottes ist der Okzident!" (Goethe: *Westöstlicher Divan)*	im Gegensatz zum Chiasmus Wiederkehr derselben Wortreihenfolge in symmetrischer syntaktischer Konstruktion
Die Parataxe (gr. parataxis = danebenstellen)	„Der König sprach's, der Page lief;/ Der Knabe kam, der König rief: [...]" (Goethe: *Der Sänger)*	im Gegensatz zur Hypotaxe das Nebeneinanderstellen gleichberechtigter Hauptsätze, wodurch ein charakteristischer Rhythmus entsteht
Die Parenthese (gr. parenthesis = Einschub)	„So bitt ich – ein Versehen war's, weiter nichts –/Für diese rasche Tat dich um Verzeihung." (Kleist: *Penthesilea*)	grammatisch selbstständiger Einschub in einen Satz, der dessen Zusammenhang unterbricht, ohne die syntaktische Ordnung zu verändern
Die Periphrase (gr. periphrasis = Umschreibung)	„Jenes höhere Wesen, das wir verehren" für Gott (H. Böll) „Ein Land, darinnen Milch und Honig fließt." (2. Mose 3, 8)	Umschreibung einer Person, einer Sache, eines Begriffs durch mehrere kennzeichnende Wörter
Die Personifikation (lat. persona = Maske, Gestalt; facere = machen)	„Frau Welt"; „Gevatter Tod"; „Vater Rhein"; „[...] es kam die Nacht und blätterte gleichgültig in den Bäumen." (R.M. Rilke: *Der Ölbaum-Garten)*	Vermenschlichung abstrakter Begriffe und lebloser Dinge, indem sie als sprechende und handelnde Personen auftreten
Die rhetorische Frage (gr. rhetor = Redner)	„Wer glaubt denn das noch?" „Sind wir nicht Männer?"	scheinbare Frage, weil keine Antwort erwartet wird; sie verstärkt die Eindringlichkeit der Aussage.
Die Synästhesie (gr. synaisthesis = das Zugleichempfinden)	1. Umgangssprache: schreiendes Rot, heiße Musik, coole Nummer 2. Dichtung: Die Brillengläser „waren so dick, dass die Augen ganz leise aussahen". (W. Borchert: *An diesem Dienstag)*	Verschmelzung verschiedener Sinnesbereiche (Geruchs-, Gesichts-, Gehör- und Tastsinn) zur Steigerung der Aussage
Der Vergleich	Ein Mann wie ein Baum	Verknüpfung zweier Begriffe durch Hervorhebung des Gemeinsamen (sog. tertium comparationis)
Die Wiederholung (lat. repetitio)	„O Mutter! Was ist Seligkeit? O Mutter! Was ist Hölle?" (G.A. Bürger: *Lenore*)	Steigerung der Eindringlichkeit
Das Wortspiel (Die Paronomasie) (gr. paronomasie = Wortumbildung zur Erreichung eines Nebensinns)	„Der Rheinstrom ist geworden zu einem Peinstrom,/Die Klöster sind ausgenommene Nester,/Die Bistümer sind verwandelt in Wüsttümer, [...]" (F. Schiller: *Wallensteins Lager)*	Zusammenstellung gleichlautender oder ähnlicher Wörter von verschiedener oder entgegengesetzter Bedeutung, die irritieren und zum Nachdenken anregen sollen

Aus: Jürgen Möller: Barock. EinFach Deutsch, hrsg. von J. Diekhans, Paderborn: Schöningh 2008, S. 132–134

Johann Wolfgang von Goethe (1749–1832) (Kurzbiografie)

1749 in der Reichsstadt Frankfurt am Main als Kind angesehener und wohlhabender Bürger geboren. Die Familie konnte von ihrem ererbten Vermögen leben; deshalb war es dem Vater möglich, sich seinen Liebhabereien (Sammlung von Gemälden, Kunstgegenständen, Büchern) und der Erziehung seines Sohnes zu widmen. So wuchs der junge Goethe in einem Milieu bürgerlicher Bildung heran; er lernte dabei sechs Sprachen und die entsprechenden Literaturen kennen, er verfasste Erzählungen und kleine Stücke.

1765 begann er nach dem Wunsch seines Vaters das Studium der Rechte in Leipzig, nicht aus Neigung, sondern um sich auf einen Brotberuf vorzubereiten. Goethe genoss die weltstädtische Atmosphäre des „kleinen Paris", wie Leipzig damals genannt wurde, er zeichnete und malte und schrieb Gedichte im Stil des Rokoko.

1768 kehrte er wegen einer schweren Erkrankung in seine Heimatstadt zurück. Unter dem Einfluss der Pietistin Susanne von Klettenberg beschäftigte er sich mit Fragen der Mystik und Alchimie. Klettenbergs Bemühungen, Goethe zu religiösen Erfahrungen anzuleiten, vermittelten ihm die Fähigkeit zur psychologischen Wahrnehmung.

1770 konnte Goethe nach langer Genesungszeit sein Studium in Straßburg fortsetzen, das er 1771 mit dem Lizenziat der Rechte abschloss. Wichtiger als dieser formale Studienabschluss aber waren für ihn die Bekanntschaft mit Herder, der ihn mit der deutschen Vergangenheit (Erlebnis des Straßburger Münsters), mit Shakespeares Dichtung und dem Volkslied vertraut machte, sowie die Liebe zur Sesenheimer Pfarrerstochter Friederike Brion. Diese Liebe und die Beschäftigung mit der Volksdichtung prägten die damalige Lyrik Goethes, die im Gegensatz zur Rokokolyrik persönliche Erfahrung zum Ausdruck brachte.

1771 war Goethe als Rechtsanwalt in Frankfurt tätig. Wichtiger war für ihn jedoch der Umgang mit künstlerisch-literarisch interessierten Freunden, die das Lebensgefühl des „Sturm und Drang" verband.

1772 ging Goethe als Referendar ans Reichskammergericht nach Wetzlar. Seine schmerzlichen Erfahrungen in der Liebe zu Charlotte Buff bestimmten die Thematik des Briefromans Die *Leiden des jungen Werthers* von 1774. In den Jahren bis 1775 schrieb Goethe außerdem satirische Schauspiele, das Drama *Götz von Berlichingen mit der eisernen Hand* und den *Urfaust. Werther* und *Götz* machten ihn als Schriftsteller berühmt.

1775 Dieses Jahr bedeutete einen wichtigen Einschnitt im Leben des Dichters. Die Herzoginmutter Anna Amalia und der Erbprinz von Sachsen-Weimar Carl August beriefen ihn zum Mitglied der Regierung des Herzogtums und als Vertrauten des Erbprinzen bzw. Herzogs (Regierungsantritt im selben Jahr) nach Weimar. Die Annahme dieses Rufes beendete das jugendlich-ungebundene Leben und band Goethe in die praktischen Pflichten der Verwaltung eines deutschen Kleinstaates ein: Er war Mitglied des „Geheimen Consiliums", des höchsten Beratungsgremiums des Herzogs, er kümmerte sich um Bergbau, Wegebau, Militärwesen und leitete die Direktion der staatlichen Finanzen. Als Leiter des Liebhabertheaters am Hofe schrieb er kleinere Dramen und Singspiele zur Unterhaltung der Hofgesellschaft. In der Wahrnehmung alltäglicher Verantwortung im überschaubaren Bereich prägte sich ein Wesenszug Goethes aus, der sein weiteres Leben bestimmte: Selbstdisziplin, Angst vor Unruhe und vor Leidenschaftlichkeit. So hielt er zur verheirateten Hofdame Charlotte von Stein, mit der ihn eine tiefe Liebe verband, immer die gesellschaftlich gebotene Distanz. Dennoch empfand Goethe dieses Leben auch als Einengung; deshalb ist der Aufbruch zur Italienreise im Jahr 1786 durchaus als Flucht zu verstehen. In Italien setzte Goethe seine Naturstudien fort und vertiefte sie, er schrieb sein Prosadrama *Iphigenie auf Tauris* in Verse um und beendete die Dramen *Egmont* und *Torquato Tasso*. Bei den Versuchen, sein Zeichentalent auszubilden, wurde ihm klar, dass er zum Dichter, nicht aber zum bildenden Künstler bestimmt war.

1788 Nach seiner Rückkehr nach Weimar ließ sich Goethe von zahlreichen Verwaltungstätigkeiten entlasten; ihm blieb die Aufsicht über das Weimarer Theater und die wissenschaftlichen Anstalten von Jena. Die Verbindung mit der Manufakturarbeiterin Christiane Vulpius (Heirat 1806) ließ ihn zum sesshaften Hausherrn werden. Dies wurde ihm vor allem in den Jahren der Revolutionskriege wichtig.

1792 begleitete Goethe seinen Herzog auf den Kriegsschauplatz nach Frankreich, eine Erfahrung, die er 1822 in der autobiografischen Schrift *Die Campagne in Frankreich* aus der zeitlichen Distanz gestaltete.

1794 begann die Freundschaft mit Schiller, die trotz eines gewissen Konkurrenzverhältnisses, das zwischen ihnen herrschte, von intensivem Gedankenaustausch und gegenseitiger Förderung geprägt war. Schiller drängte seinen Freund zur Weiterführung der Projekte *Wilhelm Meister* und *Faust*, die erst 1829 bzw. 1831 abgeschlossen wurden. Auf der Grundlage gemeinsamer Überzeugungen vom Wesen und von der Aufgabe der Kunst bildeten die beiden Freunde auch eine „Partei", die sich polemisch mit abweichenden Kunstauffassungen auseinandersetzte.

1805 Mit Schillers Tod setzte bei aller Geselligkeit, die Goethe in seinem Hause pflegte, eine gewisse Vereinsamung des Dichters ein. Von den Romantikern, die ihn ursprünglich als großen Anreger betrachteten, distanzierte er sich, was ihn allerdings nicht daran hinderte, Elemente der Romantik in seine späteren Werke aufzunehmen (*Märchen*, 1795; *Die Wahlverwandtschaften*, 1809; *Faust II*, 1831).

1832 starb Goethe in Weimar als Letzter seines engeren Lebenskreises, der durch den Tod Christianes (1816), des Herzogs Carl August (1828) und seines Sohnes August (1830) immer kleiner geworden war.

Aus: Blickfeld Deutsch. Oberstufe. Herausgegeben von Peter Mettenleitner und Stephan Knöbl. Paderborn: Schöningh Verlag 2003, S. 208f.

Die literarische Epoche des Sturm und Drang

Als in der Aufklärung eine zu starke Betonung des Rationalen und Allgemeingültigen und damit eine Vernachlässigung des Gefühls und des Individuellen einsetzt, erhebt sich sehr bald Kritik und bereitet den Boden für die europäische Bewegung der **Empfindsamkeit** (um 1740–1780).

„Empfindsam" und „Herz" werden zu Modewörtern, betont werden Seele, Gemüt, Sensibilität. Die Literatur der Empfindsamkeit ist eng mit dem Pietismus (lat. pietas: Frömmigkeit) verbunden, einer auf Intensivierung des religiösen Lebens gerichteten Erneuerungsbewegung des deutschen Protestantismus. Die neue Gefühlskultur schlägt sich in Genres nieder wie *Tagebuch, Autobiografie, Lyrik, Briefroman;* diese eignen sich vorzüglich zur Darstellung von individuellen Gefühlen, Wunschvorstellungen, Ängsten und zur genauen Analyse derartiger Emotionen. Das klassische Werk der Empfindsamkeit ist Goethes Briefroman „Die Leiden des jungen Werther".

Fast gleichzeitig und eng verknüpft mit der Empfindsamkeit entwickelt sich eine neue literarisch-revolutionäre Bewegung. Sie nennt sich nach dem Titel eines Dramas von Friedrich Maximilian Klinger **Sturm und Drang** (um 1770–1785). Eine genaue Abgrenzung zur Bewegung der Empfindsamkeit ist kaum möglich; beide Bewegungen sind durch die umfassende Geistesbewegung der Aufklärung verbunden. Der Sturm und Drang ist eine Bewegung junger Literaten zwischen 20 und 30 Jahren, meist Studenten, die von dem jungen Schriftsteller Johann Gottfried Herder beeinflusst werden. Das Ideal des Sturm und Drang ist nicht mehr der vernünftige Mensch, sondern **der natürliche und unverbildete Mensch** mit seiner Individualität. Unter dem **Begriff des Genies**, der im Mittelpunkt der Bewegung steht, versteht man das Schöpferische, Gefühlvolle; auch der Dichter wird als Schöpfer verstanden. Als Vorbild gilt der Halbgott **Prometheus**, der **Selbstherrlichkeit** und **Unabhängigkeit** verkörpert. Die Begriffe *Herz* und *Gefühl* werden als Gegensätze zur Vernunft verstanden; damit wird der Sturm und Drang zu einer **Ergänzung und Weiterentwicklung der Aufklärung**.

Zu den wichtigen Anregern des Sturm und Drang zählt neben William Shakespeare der französische Philosoph Jean-Jacques Rousseau. Rousseaus Aufforderung **„Zurück zur Natur"** wird den Stürmern und Drängern zum Programm. Es entsteht eine neue Sichtweise der Natur, deren eigener Wert jetzt deutlich gesehen wird; Aufgabe des Menschen ist es, eine **unmittelbare Empfindung für die Natur** zu entwickeln. Auch der Mensch soll aus seiner Natur heraus frei leben; das Genie macht sich daher **frei von Bevormundung und unbegründeter Autorität**. Es entsteht ein Freiheitsbegriff, der zwar auch politisch motiviert ist, aber keine direkten politischen Ziele im Sinne einer Veränderung der Gesellschaft verfolgt. Es geht um Freiheit von der Herrschaft des Verstandes, es geht auch um Freiheit von der Vorherrschaft eines Standes, von der Willkür des absolutistischen Herrschers und um die **Abschaffung von sozialer Unterdrückung**.

In Goethes Drama „Götz von Berlichingen" kämpft die Hauptfigur für die Freiheit und gegen übermächtige Herrschaftsformen; in Schillers Drama *Die Räuber* will der Räuberhauptmann Karl Moor sogar die Weltordnung verändern.

Das dichterische Genie hat nach der Auffassung der Stürmer und Dränger auch das Recht, sich von Begrenzungen und formalen Regeln frei zu machen. So wird im Drama die strenge Verssprache durch eine Prosasprache ersetzt, die auch Derbheiten und mundartliche Ausdrücke enthält. Ebenso werden die strengen herkömmlichen Literaturformen gesprengt.

Das Genie beruft sich auf große **Vorbilder der Weltliteratur:** Homer, die Bibel, den englischen Dramatiker Shakespeare, aber auch, durch den Einfluss Herders, auf Volkslieder. Man sucht die unverbildete, sinnenkräftige und bildreiche, dem Volke nahe Sprache. Die Änderungen im Denken prägen auch Literatur und Sprache. Begriffe wie Liebe, Herz, Schmerz, Leid, Freundschaft, Einsamkeit, Natur, Abend, Nacht, Mond werden zu Schlüsselwörtern der neuen Dichtung. Auch der Mann darf seinen Gefühlen von Glück und Leid Ausdruck verleihen. Die Sprache selbst ist durch **Gefühlsregungen** bestimmt. Ihre natürliche Form, das spontan gesprochene Wort steht im Vordergrund. Ausrufe und abgebrochene Sätze sind dafür nicht selten ein Beleg. So gestaltet Goethe in seiner **Erlebnisdichtung** Empfindungen, die einer ganz persönlichen Situation entspringen.

Auch in den religiösen Vorstellungen bricht sich eine neue Sichtweise Bahn, der Deismus der Aufklärung wird abgelöst durch die Vorstellung, das Göttliche gehe aus dem Innern des Menschen hervor. So fühlen sich die Stürmer und Dränger als Teil des Weltganzen, des Alls und der Natur. Der Mensch, die Welt, das All, die Natur verbinden sich zu einer Einheit, in der sich das Göttliche ausdrückt. Das Göttliche ist folglich in jedem Vorgang der Natur, in jeder Gestalt wirksam. Diese religiöse Vorstellung heißt **Pantheismus.**

Aus: Peter Kohrs: Deutsch in der Oberstufe. Paderborn: Schöningh 2009, S. 198f.

Weimarer Klassik

Der Beginn der **Weimarer Klassik** wird allgemein mit Goethes Italienreise (1786) in Verbindung gebracht; Goethe löst sich in Italien, vor allem aufgrund seiner Begegnung mit der Antike, vom Lebensgefühl des **Sturm und Drang.** Im Mittelpunkt der Epoche der Klassik steht die Freundschaft zwischen Goethe und Schiller, die sich beide gegenüber dem Subjektivismus des Sturm und Drang abgrenzen. Die Bezeichnung *Klassik* hat zwei Bedeutungen: In ihr ist einerseits der Bezug auf die Kunst- und Lebenswelt der Antike (classicus = ein Bevorzugter) enthalten und entsprechend das Vorbildhafte, Normsetzende, Mustergültige einer Kunstepoche gemeint. Zum anderen kann auch ein einzelner Autor einer bestimmten Epoche als „klassisch" bezeichnet werden, wenn sein Werk von weitreichender und normativer Bedeutung ist.
Weimar, die Residenzstadt des politisch bedeutungslosen Herzogtums gleichen Namens, entwickelt sich gegen Ende des 18. Jahrhunderts zum geistigen und kulturellen Mittelpunkt Deutschlands. Die Dichter *Johann Gottfried Herder, Johann Wolfgang Goethe, Friedrich Schiller* und *Martin Wieland* haben dort ihren Wohnsitz. Nach der Sturm-und-Drang-Periode, in der die jungen Dichter vor allem die schöpferische Freiheit vertraten, wächst das **Bedürfnis nach Gesetz, Maß und Regel.** Dabei wirkt die Aufklärung weiter; so vertritt man z. B. einen Leitgedanken der Aufklärung, die Autonomie des Menschen. Aber im Gegensatz zum Sturm und Drang, in dem die schrankenlose Selbstentfaltung des Individuums oberste Maxime war, bleibt der Einzelne nach dem Lebensgefühl der Klassik immer eingebunden in die Verantwortung gegenüber der Gemeinschaft und dem Sittengesetz; nur so erfüllt sich das **Ideal der Humanität.**
Vorbilder für die Harmonie in der künstlerischen Gestaltung sehen die Vertreter der Weimarer Klassik vor allem in den Werken der griechischen Antike. An die Stelle freier Rhythmen und individueller Ausdrucksweisen im Sturm und Drang treten metrisch regelmäßig gebaute Verse und eine **Sprache, die nach strengen Kunstgesetzen gestaltet ist.**
In dieser klassischen Epoche versuchen beide, Goethe, ausgehend von seinen naturwissenschaftlichen Vorstellungen, Schiller, von philosophischen und historischen Studien ausgehend, einen Ausgleich zwischen den im 18. Jahrhundert deutlich gewordenen Gegensätzen herbeizuführen und unter der Leitvorstellung des **„organischen Wachstums"** dichterisch zu gestalten. Es geht um **Ausgleich und Harmonie** zwischen:

- Verstand und Gefühl
- Gesetz und Freiheit

Goethe-Schiller-Denkmal vor dem Nationaltheater in Weimar (Ernst Rietschel, 1857)

- Anspruch der Gesellschaft und Recht des Einzelnen
- Geist und Natur
- Pflicht und Neigung

Im Mittelpunkt des klassischen Denkens steht der einzelne Mensch und die sittliche Entfaltung aller seiner Kräfte, um das Ideal sittlicher Vervollkommnung und Humanität zu erreichen. Für Goethe und Schiller ist die Kunst die von der Politik losgelöste „Gegenwelt", die den Menschen veredelt. Die **Kunst soll auch die Voraussetzung für politische Verbesserungen schaffen**, indem die durch sie gewonnene individuelle Freiheit und Bildung der Bürger den politischen Emanzipationsprozess bewirkt. Diese Gedanken haben mit dem politischen Alltagsgeschehen wenig zu tun, aber Goethe und Schiller haben die großen politischen Veränderungen ihrer Zeit durchaus nicht ignoriert. Zwar vermögen sie die Französische Revolution nicht von ihren sozialgeschichtlichen Voraussetzungen her zu beurteilen, sie tun dies aber unter moralischen Gesichtspunkten: Für sie hat sich die Französische Revolution vor allem durch die Zeit der Schreckensherrschaft desavouiert.
Das traditionelle Bild der Klassik ist stark im 19. Jahrhundert geprägt worden, in dem sich Deutschland zum Nationalstaat entwickelte. Im Rahmen dieser Ausprägung wurde der Klassik-Begriff dadurch verkürzt, dass man die Klassik ausschließlich auf Goethe und Schiller einschränkte und sie zu stark gegenüber anderen literarischen Strömungen wie **Aufklärung** und **Romantik** absetzt. Man muss sich demgegenüber klarmachen, dass die **Gedanken der Aufklärung auch in der Klassik** weiterwirken, ja bis in unsere Zeit hineinreichen.

Aus: Peter Kohrs: Deutsch in der Oberstufe. Paderborn: Schöningh 2009, S. 208 f.

Ein Standbild bauen und besprechen

Aufgabe:
Erarbeiten Sie zu dem vorgelegten Gedicht ein Standbild, das inhaltliche Aussagen oder auch spezifische Befindlichkeiten widerspiegelt.

Was ist ein Standbild?
Ein Standbild gleicht einer fotografischen Momentaufnahme. Es löst einen Handlungsverlauf in ein Einzelbild auf, in dem ein zentrales Motiv erkennbar wird. Es stellt darüber hinaus den Charakter von Personen sowie das Verhältnis zwischen ihnen im Bild dar. Es wird nicht mit Worten erklärt und gedeutet, sondern das Bild spricht für sich.

Wie bildet man ein Standbild?
Der Kurs/die Klasse wird in Gruppen aufgeteilt, wobei jede Gruppe sowohl Jungen als auch Mädchen aufweisen sollte.

1. Lesen Sie gemeinsam das Gedicht. Halten Sie dabei fest, welche thematischen Schwerpunkte behandelt werden und welche sich zur Umsetzung in ein Standbild eignen. Überlegen Sie auch, ob nicht auch allgemeine Gegenstandsbeschreibungen (Stichwort: Personifikation) konkretisiert werden und in Ihr Standbild einfließen könnten. Versuchen Sie, Ihre Ergebnisse gestisch, mimisch und mit Körperhaltungen auszudrücken.
2. Die Gruppe teilt sich auf in Darsteller und „Standbildbauer“. Bei der Auswahl der Darsteller ist es nicht zwingend notwendig, dass Männer Männerrollen und Frauen Frauenrollen einnehmen. Allerdings sollte die Auswahl der Darsteller in Bezug auf die darzustellenden Personen nicht völlig konträr ausfallen (Körper, Statur).
3. Die Darsteller werden, gemäß der Vorüberlegungen, von den Standbildbauern in Positionen gestellt und – einer „Knetmasse“ gleich – geformt, ohne selber gestaltend einzugreifen. Dabei werden Körperhaltungen und Personenkonstellationen so lange formend verändert, bis das Bild dem entspricht, was man ausdrücken möchte.
4. Das endgültige Standbild wird „eingefroren“ und die Darsteller prägen sich ihre Stellungen ein, sodass im Plenum das Standbild wieder abgerufen werden kann.

Wichtig:
Ruhe und Konzentration sind beim Erstellen von Standbildern wesentliche Voraussetzungen, da das Gestalten Interpretationsarbeit ist, die detailgenaue Formarbeit abverlangt. Die Darsteller sollten sich ihrer Funktion als passives „Material“ stets bewusst bleiben und nicht eigenmächtig Haltungen einnehmen, verändern oder vorwegnehmen, da dies sich störend auf die Interpretation der Erbauer auswirkt.

Aus: Norbert Schläbitz: Expressionismus. EinFach Deutsch. Hrsg. von Johannes Diekhans. Paderborn: Schöningh Verlag 2003, S. 132

Wie bespricht man ein Standbild?
Im Plenum werden die Standbilder nacheinander aufgebaut. Nach jedem Bild beschreiben die nicht beteiligten Schülerinnen und Schüler, was sie sehen und was für sie das Bild ausdrückt. Dabei können sie auch das Standbild verändern und formen, um ihre Deutung zu veranschaulichen. Die Darsteller verbleiben für die Dauer der Deutung in ihren Haltungen.

In einem zweiten Schritt erläutert die darstellende Gruppe ihr Ergebnis. So geht es Gruppe für Gruppe reihum.

Charlotte von Stein: An den Mond/ Nach meiner Manier

Füllest wieder Busch und Tal
Still mit Nebelglanz,
Lösest endlich auch einmal
Meine Seele ganz.

Breitest über mein Gefild
Lindernd deinen Blick,
Da des Freundes Auge mild
Nie mehr kehrt zurück.

Lösch das Bild aus meinem Herz
Vom geschied'nen Freund,
Dem unausgesprochner Schmerz
Stille Träne weint.

Mischet euch in diesen Fluss!
Nimmer werd' ich froh,
So verrauschte Scherz und Kuss
Und die Treue so.

Jeden Nachklang in der Brust
Froh- und trüber Zeit
Wandle ich nun unbewusst
In der Einsamkeit.

Selig, wer sich vor der Welt
Ohne Hass verschließt,
Seine Seele rein erhält,
Ahndungsvoll genießt,

Was den Menschen unbekannt
Oder wohl veracht
In dem himmlischen Gewand
Glänzet bei der Nacht.

Aus: J.W. von Goethe: Werke. Hrsg. von Erich Trunz. Hamburger Ausgabe. Band 1. München: C.H. Beck 1996, S. 545f.

Charlotte von Stein (zeitgenössischer Kupferstich)

■ *Interpretieren Sie das Gedicht vor dem Hintergrund der Beziehung Goethes zur Autorin.*

Goethe in Italien

Goethe in der Campagna. Gemälde von Johann Heinrich Wilhelm Tischbein, 1786

Andreas Gryphius: Es ist alles eitel (1663)

Andreas Gryphius (eigentl. Greif): 2.10.1616–16.7.1664 in Glogau, Schlesien. Sohn eines evangelischen Archidiakons. Er hatte eine schwere Kindheit während des Dreißigjährigen Krieges. Seine Familie wurde von Katholiken drangsaliert, mit fünf Jahren verlor er den Vater, mit elf auch noch die Mutter und sein Erbe. Dennoch gelang es ihm, nach seiner Ausbildung am Gymnasium Karriere zu machen: Zunächst war er Hauslehrer bei einem Grafen, der ihn im Alter von nur 21 Jahren zum Dozenten ernannte und zusammen mit seinen Söhnen auf eine umfangreiche Bildungsreise schickte, die ihn nach Holland, Frankreich und Italien führte und ihn mit vielen kulturellen Neuerungen auf dem Gebiet der Dichtkunst vertraut machte. 1647 kehrte er in seine Heimat zurück, heiratete und übernahm 1650 das hohe Amt eines Syndicus der protestantischen Landstände des Fürstentums Glogau. 1662 wurde er in die angesehene „Fruchtbringende Gesellschaft" aufgenommen. Gryphius starb 1664 an einem Schlaganfall während einer Ratssitzung.

Andreas Gryphius. Gemälde von Philipp Kilian

Andreas Gryphius:
Es ist alles eitel

Du siehst, wohin du siehst, nur Eitelkeit auf Erden.
Was dieser heute baut, reißt jener morgen ein,
Wo itzund[1] Städte stehn, wird eine Wiese sein,
Auf der ein Schäferskind wird spielen mit den Herden.

Was itzund prächtig blüht, soll bald zutreten werden.
Was itzt so pocht[2] und trotzt, ist morgen Asch und Bein[3];
Nichts ist, das ewig sei, kein Erz, kein Marmorstein.
Itzt lacht das Glück uns an, bald donnern die Beschwerden.

Der hohen Taten Ruhm muss wie ein Traum vergehn.
Soll denn das Spiel der Zeit, der leichte Mensch, bestehn?
Ach, was ist alles dies, was wir vor köstlich achten,

Als schlechte Nichtigkeit, als Schatten, Staub und Wind,
Als eine Wiesenblum, die man nicht wiederfind't.
Noch will, was ewig ist, kein einig[4] Mensch betrachten.

Aus: Elisabeth K. Paefgen und Peter Geist (Hrsg.): Echtermeyer, Deutsche Gedichte.
Von den Anfängen bis zur Gegenwart. Auswahl für Schulen. Berlin: Cornelsen, 19. Auflage, 2005, S. 101

---

1 jetzt
2 hochmütig ist
3 Knochen
4 einzig

■ *Vergleichen Sie die Gedichte „Es ist alles eitel" von Andreas Gryphius und „Dauer im Wandel" unter formalen und inhaltlichen Aspekten miteinander. Gehen Sie hierbei insbesondere auf die Gestaltung des Motivs der Vergänglichkeit ein und untersuchen Sie, was dieser jeweils entgegengesetzt wird.*

Klausurvorschlag 1

J.W. Goethe:
Mit einem gemalten Band (1771)

Kleine Blumen, kleine Blätter
Streuen mir mit leichter Hand
Gute junge Frühlingsgötter
Tändelnd auf ein luftig Band.

Zephyr[1], nimm's auf deine Flügel,
Schling's um meiner Liebsten Kleid!
Und so tritt sie vor den Spiegel
All in ihrer Munterkeit,

Sieht mit Rosen sich umgeben,
Selbst wie eine Rose jung.
Einen Blick, geliebtes Leben!
Und ich bin belohnt genung.

Fühle, was dies Herz empfindet,
Reiche frei mir deine Hand,
Und das Band, das uns verbindet,
Sei kein schwaches Rosenband.

(v 1789)

Hamburger Ausgabe. Band 1. Gedichte und Epen. Herausgegeben von Erich Trunz. München: 16. Auflage 1996, S. 26f.

---

1 poet. Wort für den Westwind

Klausurvorschlag 2

J.W. Goethe:
Sonett

Sich in erneutem Kunstgebrauch zu üben,
Ist heil'ge Pflicht, die wir dir auferlegen:
Du kannst dich auch, wie wir, bestimmt bewegen
Nach Tritt und Schritt, wie es dir vorgeschrieben.

Denn eben die Beschränkung lässt sich lieben,
Wenn sich die Geister gar gewaltig regen;
Und wie sie sich denn auch gebärden mögen,
Das Werk zuletzt ist doch vollendet blieben.

So möchte' ich selbst in künstlichen Sonetten,
In sprachgewandter Maße kühnem Stolze,
Das Beste, was Gefühl mir gäbe, reimen;

Nur weiß ich hier mich nicht bequem zu betten:
Ich schneide sonst so gern aus ganzem Holze,
Und müsste nun doch auch mitunter leimen.

(v 1807)

Hamburger Ausgabe. Band 1. Gedichte und Epen. Herausgegeben von Erich Trunz. München: 16. Auflage 1996, S. 245

Klausurvorschlag 3

J.W. Goethe:
Erste Römische Elegie

Saget, Steine, mir an, o sprecht, ihr hohen Paläste!
Straßen, redet ein Wort! Genius, regst du dich nicht?
Ja, es ist alles beseelt in deinen heiligen Mauern,
Ewige Roma; nur mir schweiget noch alles so still.
O wer flüstert mir zu, an welchem Fenster erblick ich
Einst das holde Geschöpf, das mich versengend erquickt?
Ahn ich die Wege noch nicht, durch die ich immer und immer
Zu ihr und von ihr zu gehn, opfre die köstliche Zeit?
Noch betracht ich Kirch und Palast, Ruinen und Säulen,
Wie ein bedächtiger Mann schicklich die Reise benutzt.
Doch bald ist es vorbei: dann wird ein einziger Tempel
Amors Tempel nur sein, der den Geweihten empfängt.
Eine Welt zwar bist du, o Rom; doch ohne die Liebe
Wäre die Welt nicht die Welt, wäre denn Rom auch nicht Rom.

(v 1795)

Hamburger Ausgabe. Band 1. Gedichte und Epen. Herausgegeben von Erich Trunz. München: 16. Auflage 1996, S. 157

Klausurvorschlag 4

Johann Wolfgang von Goethe: Gefunden (1813)

Ich ging im Walde
So für mich hin,
Und nichts zu suchen,
Das war mein Sinn.

Im Schatten sah ich
Ein Blümchen stehn,
Wie Sterne leuchtend,
Wie Äuglein schön.

Ich wollt es brechen,
Da sagt es fein:
Soll ich zum Welken
Gebrochen sein?

Ich grub's mit allen
Den Würzlein aus.
Zum Garten trug ich's
Am hübschen Haus.

Und pflanzt es wieder
Am stillen Ort;
Nun zweigt es immer
Und blüht so fort.

Hamburger Ausgabe. Band 1. Gedichte und Epen. Herausgegeben von Erich Trunz. München: 16. Auflage 1996, S. 254f.

Ulla Hahn: Bildlich gesprochen (1981)

Wär ich ein Baum ich wüchse
dir in die hohle Hand
und wärst du das Meer ich baute
dir weiße Burgen aus Sand.

Wärst du eine Blume ich grübe
dich mit allen Wurzeln aus
wär ich ein Feuer ich legte
in sanfte Asche dein Haus.

Wär ich eine Nixe ich saugte
dich auf den Grund hinab
und wärst du ein Stern ich knallte
dich vom Himmel ab.